Jong Helde

Johan Heyns

Outeur: Johan Heyns
Voorbladontwerp: Ria Richards

Geset in Franklin Gothic 12pt

Uitgegee en gedruk deur
Malherbe Uitgewers

JONG HELDE gaan oor kinders wat reeds as kind volwasse besluite moes neem, en waar hulle reeds as kind die meeste van die tyd die offer betaal het om ander te red. 'n Held is nie noodwendig iemand wat dood is in sy optrede om ander te red nie, 'n held is iemand wat die dood in oë gestaar het ter wille van iemand anders se lewe, of ter wille van 'n saak groter as hy.

Hier het ons te doen met kinders wat helde is, maar weens hulle optredes wil ek nie na hulle verwys as kinders nie, maar as jong helde, mense wat definitief waardige leiers van ons volk sou kon wees.

Voorwoord – Jong Helde

Die potensiaal van 'n volk en van 'n nasie word gemeet aan die gehalte van sy jeug. My eerste herinneringe van waar ek volkstrots en 'n liefde vir volksgeskiedenis, asook geskiede-nis oor die algemeen, ontwikkel het; is van toe my oupa my as jong seun van ongeveer vier of vyf jaar oud, met elke geleentheid wanneer ons in Pretoria vir hulle gaan kuier het, my na die sonvertrek van hul huis geneem het en vir my die verhale van die kinderhelde van die Groot Trek en Boereoorloë voorgelees het uit die destydse Afrikaner-koerant. Daardie verhale bly my vandag nog by en dien nog steeds vir my as inspirasie wanneer ek nadink oor die stand van ons land en ons volk.

Dit is moeilik om te dink dat leesstof oor dié onderwerp so skaars en moeilik bekombaar is as wat dit is. Op die wêreldwye web is inligting van betroubare bronne weinig beskikbaar en in kettingboekwinkels is daar min tot geen leesstof beskikbaar nie. Daarom is dit verblydend dat daar 'n publikasie soos hierdie die lig kan sien en hopelik sal dit aanleiding gee tot soortgelyke publikasies en ook uitbrei-dings en verbeterings op huidige publikasies.

Dit is belangrik vir die siel van 'n volk om hierdie verhale weer af te stof of selfs vir die eerste keer te hoor en te leer ken – en om dit dan oor te dra aan die jeug. So bring ons nie net hulde aan die opofferings en swaarkry, selfs aan die hoogste prys wat deur sommige betaal was, vir ander om te kan lewe – nog voor hulleself hul eie lewens kon maak nie, maar word ons ook sodoende herinner aan die potensiaal van ons volk in tye waar heldhaftigheid soms oënskynlik ontbreek. Ons word herinner dat daar tussen ons almal, iemand soos 'n Hannie van der Merwe is, wat vreesloos deur die dal van die dood kan wandel om haar mense van 'n gewaarborgde dood te red, 'n Racheltjie de Beer wat haarself kaal uitgetrek het in die winter om haar broer te beskerm teen die elemente, 'n Japie Greyling wat die Kakie-kaptein reguit in die oë kon kyk en sê: "Skiet my liewer, my mense sal ek nie verraai nie..." of 'n Johan le Roux en 'n Pieter Koen, wat in meer onlangse tye hul lewens geoffer het om ander te s'n te red, onder omstandighede waar hulle maklik liewer kon kies om hulself te red, steek. Dit is ons stoffasie, dit is in ons DNS.

Dit laat jou wonder; waar kruip ons hedendaagse helde weg? Vra jy die vraag, dan begin jy soek vir die antwoord en kom jy gou agter dat hulle oral rondom ons is, maar dalk hul heldedade ook op ander gebiede verrig. In plaas van lewens, offer baie van ons ons tyd op, om uit te reik na swakkes en armes, na ons bure in tye van nood of gevaar. Ander weer deur onderrig te gee aan 'n volk wat vir eeue geken was aan hul akademiese welslae, maar wat nou gebuk gaan onder afgewaterde akademiese standaarde. Sommige wy hul lewens daaraan toe om die geskiedenis na te vors en die verhale van ons mense te dokumenteer en sodoende ons mense én ander te leer om ons verlede te verstaan sodat die toekoms met meer insig benader kan word. Wanneer ons tot dié besef kom, lig dit sommer reeds die volk se moraal en word genetiese instink weer 'n gerekende faktor.

Die Genootskap vir die Handhawing van Afrikaans glo in die jeug en gemeet daaraan glo ons in die potensiaal van die volk en die toekoms van ons taal en kultuur. Die verhale vervat in hierdie publikasie is geskiedkundig, ja, maar dit is geensins 'n aanduiding dat ons volk sy hoogste prestasies reeds behaal het nie. Die beste lê nog voor, mits ons in geloof in ons God en geloof in mekaar, met vertroue en selfvertroue bymekaar kan kom en besluit dat hierdie verhaal nié by ons eindig nie.

Daar hoort 'n eksemplaar van hierdie publikasie in elke huis.

Pieter Oosthuisen:
Voorsitter van die Genootskap van Afrikaans

Inhoudsopgawe

Hannie van der Merwe

Dit was tydens die Dorslandtrek
'n jong dogter moes hard werk
die water was min
die gevaar was volop
sy moes haar vader se vee oppas

Haar pappa was 'n kwaai man
daar was 'n luiperd wat die vee wou vang
Hannie het geweet sy moet keer
met die perd het sy hom probeer afweer
van haar vader se vee

Hy was die veldkornet
hardvogtig en streng
skielik kry sy 'n plan
sy sal die vee aanjaag

Tot by die mans by die ossewaens
hulle sal die luiperd vakant kan maak
sy het nie gedink aan die gevaar vir haar
net aan haar pappa se vee
dat sy die luiperd moet keer

Om Hannie se dapper daad te verstaan, moet ons eers die agtergrond van die Dorslandtrek in aanskoue neem en die hoekoms en waarom verstaan.

Gedurende die tydperk van Mei 1874 het 'n groep boere die ZAR verlaat, en na Angola getrek. Aan die begin was daar drie trekke. Nadat hulle verenig het, het hulle in Januarie 1881 by Humpata op die Huila-Hoogland in die Portuguese kolonie Angola aangekom.

Dié trekke was as gevolg van ekonomiese, godsdiens-tige en politieke redes. Aanvanklik was teenkanting teen die "ongodsdienstige" en "liberale" regering van T.F. Burgers die belangrikste trek redes. Nuwe arbeidswetgewing, onsekere politieke toestande en ook interne verdeeldheid in die Transvaal. Daar was ook ekonomiese redes.

Gebrek aan grond, bevolkingsdruk, armoede, vrees vir nuwe belasting en die soeke na nuwe jagvelde het waar-skynlik 'n minder belangrike rol gespeel. Vrees vir die beskawing en Britse imperialisme, soos hulle gepraat het van die "Rooi Dingaan."

Die koms van intensiewe boerdery, goudkoors, droog-tes of natuurrampe en die "trekgees" of "trek koors" het waarskynlik geen rol gespeel nie.

Die Dorsland was die deel van die Kalahari waardeur die trek na Angola plaasgevind het. Die streek val grootliks in Sentraal-Kalahari, tans Botswana, en was alreeds in 1840 aan die

Griekwas, Transvaalse jagters, en Engelse handelaars asook sendelinge bekend.

In 1851 het die eerste Transvaalse jagters tot by die Ngamimeer deurgedring opsoek na nuwe jagvelde.

Die sogenaamde "Dorslandtrek" het uit 'n aantal afsonderlike trekke vanuit die Zuid-Afrikaanse Republiek ontstaan.

Die eerste trek onder leiding van Gert Alberts sou later as die Van der Merwe-Alberts trek bekend staan. Nadat die eerste trekkers (aanvanklik dertien gesinne) op 20 Mei 1874 by die Elandsrivier in Groot-Marico bymekaargekom het, het hulle die ZAR in Mei 1875 verlaat. Dit lyk nie of die eerste trekkers aanvanklik 'n spesifieke bestemming in die oog gehad het nie.

Die eerste trekgroep van 60 persone het in Mei 1874 bymekaargekom. In Mei 1875 het hulle die Dorsland binne-getrek, en in Januarie 1876 Rietfontein naby Gobabis. Daar was aanvanklik geen lewensverlies nie, maar wel groot veeverliese.

Op die eerste trek se spoor het 'n kleiner trek gevolg, bestaande uit die gesinne van Gerhardus Marthinus Smit en Petrus Chrisparus Jacobs.

Hulle het later by die Meer omgedraai en by die tweede trek aangesluit. Die tweede trek (aanvanklik sewe gesinne) het op 29 April 1875 by Zoutpanslaagte aan die Apiesrivier bymekaargekom en in April 1877 die ZAR verlaat.

Jan Greyling is aanvanklik as kommandant en Louw du Plessis as veldkornet verkies. Die tweede trekgroep, onder leiding van manne soos L.M. du Plessis, met ongeveer 600 persone, het vanaf begin Mei 1875 twee jaar lank op die oewer van die Krokodilrivier oorgestaan. Hulle het die Dorsland eers in Mei 1877 binnegetrek.

Hierdie groep het veral swaar gekry, as gevolg van swak beplanning en 'n onderlinge leierskapstryd. Tydens hulle trek deur die Dorsland het hulle ongekende lyding weens malaria en ontbering beleef. Duisende stuks vee het van dors en Nagaan-siekte gevrek. Dié siekte is veroorsaak deur die steek van tsetsevlieë.

Die derde trek (8 gesinne, 40 persone) het onder leiding van Jacobus Frederik (Koos) Botha, op 24 April 1877, op die plaas Dwarsspruit by Rustenburg bymekaargekom. Kort daarna het hulle die ZAR verlaat.

Dié groep van ongeveer 40 persone het in April 1877 begin trek, en kort daarna by die tweede trekgroep aange-sluit.

Teen Februarie 1878 het die drie trekgroepe verenig. Hoewel hulle van tyd tot tyd weer in kleiner groepies verdeel het, het hulle verder getrek tot by die Okavangorivier. Vandaar na die Etoshapanne. Nadat hulle 'n ruk lank daar oorgestaan het, het hulle vir ongeveer agtien maande in die Kaokoveld op plekke soos Rusplaas, en Kaoko Otavi vertoef. Vandaar het hulle na Angola getrek.

Tydens die trek het hulle onbeskryflike lyding ervaar. As gevolg van honger en dors in die Kalahariwoestyn, asook malaria en koors by die Okavango.

Die tog het so 'n diep indruk op sommige mense gemaak, dat dit al bestempel is as die mees pynlikste hoofstuk in die Afrikaner se geskiedenis. Van die ongeveer 600 persone wat uit die ZAR vertrek het, het minder as die helfte Angola bereik.

Sowat 'n kwart van die trekkers het aan ontbering, siektes (veral malaria), die eet van giftige veldplante en jag ongelukke beswyk, of is deur Boesmans vermoor.

Terwyl die ander kwart nie vir verdere ontberings kans gesien het nie, het hulle na die Transvaal teruggekeer.

Gedurende hulle epiese tog, het ongeveer 230 blanke trekkers gesterf. Bykans dieselfde getal het na Transvaal teruggekeer. Daar is ongeveer 130 babas gedurende die trek gebore, maar slegs sowat 370 persone het uiteindelik hulle beloofde land bereik.

Slegs 57 gesinne (370 persone), 61 waens, 840 trekosse, 2 160 beeste, 120 perde en 3 000 skape en bokke, het in Angola aangekom.

'n Interessante feit oor die trek is dat nie 'n enkele trekker aan dors dood is nie. Ongeveer 700 trekkers het die tog aangepak, maar slegs 370 mense het dit eindelik oorleef en hulle in Humpata in Angola gevestig.

Nadat 'n afvaardiging van nege boere onderhandelinge met die Portugese goewerneur van Mocamedes, Sebastiao Nunes de Mata aangegaan het, is daar op 18 September 1880 'n ooreenkoms bereik. Grond is aan hulle afgestaan, hulle het onderneem om die Portugese owerheid en wette te eerbiedig. Hierdie ooreenkoms is op 28 Desember 1880 bekragtig.

Van die Dorslandtrekkers se tydgenote het bevestig dat die Dorslandtrekkers welaf was, voordat hulle Transvaal verlaat het. As 'n mens kyk na die opgawe van hulle veegetalle met die aanvang van die trek, en in ag neem dat heelwat van die trekkers diakens en ouderlinge in die Gereformeerde Kerk was (en daar gevolglik na hulle opgesien is), word hierdie indruk bevestig.

Hulle is egter deur die rampspoedige trek aansienlik verarm. Selfs waar persone se boedels tot 5% verminder was, teenoor die aanvanklike boedels aan die begin van die trek.

Hannie van der Merwe was die dogter van veldkornet Gert van der Merwe, die Dorsland-trekleier, tydens die 1875 Dorslandtrek. Hulle was deel van die Gert Albert trek waar Veldkornet van der Merwe meer en meer leiding moes neem.

Hannie moes tydens die trek haar pa se kleinvee te perd beskerm. Maklik het dit nie altyd gegaan nie. Veral nie as jou naam Johanna (Hannie) van der Merwe, en jou pa veldkornet Gert van der Merwe was nie. Hy was alom- bekend as 'n "streng en hardvogtige" man.

Johanna (Hannie), was 'n opgeskote kind van ongeveer 16 jaar wat van die Transvaal tot op Rietfontein op haar perd se rug moes bly om haar pa se los vee aan te jaag.

Sy vertel dat die son haar soms so erg gebrand het, dat sy duiselig geword het in die saal. Enkele kere was sy selfs siek, maar moes ten spyte daarvan die elemente trotseer en haar werk doen, want hoe anders gemaak?

Hannie vertel dat sy verskeie kere gesien het hoe 'n luiperd die vee bekruip. Desperaat het sy dan met haar perd tussen die vee en die luiperd ingejaag. Sodra die perd die luiperd ruik, het hy egter verbouereerd geraak.

Die enigste oplossing waaraan sy kon dink, was om die vee dan vinniger aan te jaag, nader aan die waens te kry. Daar sou die mans die luiperd van kant kon maak.

Toe sy gevra is hoekom het sy dan nie om hulp geroep nie, het sy geantwoord dat sy wel soms doodsbeangs was, maar nie wou roep nie. Sy wou ook nie 'n woord aan haar pa rep nie, want hy was 'n bitter kwaai man.

Hier moet mens die agtergrond sien waar dit swaar gegaan het, en sy as sestien jarige meisiekind die kleinvee moes oppas, om verdere vee verlies te voorkom. Nalatigheid sou definitief na 'n skrobbering gelei het. Alhoewel ek glo dat veldkornet Van der Merwe haar nie hulpeloos sou gelaat het nie, sou hy van die luiperd geweet het.

In vandag se tyd, dink kinders dat streng ouers hulle vir die wolwe sal gooi eerder as beskerm.

Helena Lotrie

Met haar kappie aan
het sy dapper daar gestaan
haar rok was oopgesprei
die mans het veiligheid gekry

Alles het begin
by Piet "Jentelman"
hy was die ZAR se gesant
gaan onderhandel vir vrede in Matabeleland.

Op pad terug het die Mokoetsjwane's
hulle voorgekeer en aangeval
Willem Lotrie en die ander
het hulle beveilig met hulle geweer in die hand
dinge was nie so veilig in Betsjoeanaland
Mokoetsjwane het skuld erken vir die skending

by die vredesonderhandeling het hy weer
probeer
die trekkers was sonder hulle geweer
deur genade is hulle gered
tog was twee beseer

Helena het voor hulle gaan staan
haar rok was oop gesprei
die mans het veiligheid gekry
al kon jy koeëlgate deur haar rok kry

Helena Catherina Beatrix Lotrie is gebore in 1873. Sy het in die Zuid-Afrikaansche Republiek in die Bosveldstreek grootgeword.

Toe die Engelse goudsoekers in 1887 onder aanspo-ring van Cecil John Rhodes Matabeleland binnegetrek het, het Lobengula onrustig geword. Hy het gesante na pre-sident Kruger gestuur, gevra dat die Zuid-Afrikaansche Republiek as bewys van die boere se vriendskap, 'n gesantskap of konsul by die Matabele-koning se hoofkraal moet aanstel.

In Mei 1888 het Francois B.R. (Frans) Lotrie met sy gesin wat bestaan het uit sy vrou, drie seuns, (Willem, Cornelis en Bernard) en twee dogters, (Nellie en Helena) die Zuid-Afrikaansche Republiek se konsul Pieter (Piet Jentel-man) Grobler vergesel op 'n sending na Betsjoeanaland. Piet Jenleman moes met die Matabele opperhoof Lobengula gaan onderhandel.

Helena se pa Frans Lotrie, het as lid van 'n groep pontwagte, saam gereis. Hulle moes die pont wat die waens oor die Limpopo moes bring, beskerm teen moontlike aanvallers.

Lobengula het die traktaat aangehoor, maar moes wag om dit met sy indoenas te bespreek.

Nadat Piet Jentelman Grobler sy onderhandelinge met opperhoof Lobengula voltooi het, het die terugtog die einde Junie begin.

Tydens Piet Jentelman Grobler se trek suidwaarts het nog waens by hom aangesluit. Twee Engelse gesinne G.E. Lloyd en G.G.W Cameron. Ook die trek van A.W. Greef.

Die trekgeselskap het 'n roete deur die noordoostelike gedeelte van die destydse Betsjoeanaland gevolg. Dit was die gebied van die Bamangwato-naturellestam onder hul opperhoof Khama. So kon hulle die gevaarlike koorswêreld van die Limpopovallei vermy.

Die geselskap wou so gou as moontlik deur die droë Betsjoeanaland kom en het dus die Sondag van 8 Julie 1888 voort getrek.

Piet Jentelman Grobler, G.E. Lloyd en G.W. Cameron het vooruit gery om die pad vir die waens te verken. In die omgewing van die Metsemosakwana rivier het vyftig Bamangwato's skielik die waens omsingel.

Een het Frans Lotrie se touleier uit die pad gestamp, Frans Lotrie het op die Bamangwato afgestorm en geroep dat hy geskiet moes word. Greef het paar waarskuwings skote in die lug geskiet. Piet Jentelman Grobler en die twee Engelse het dadelik teruggejaag toe hulle die skote hoor, waarna hulle 'n paar Bamangwato's vasgekeer het en hulle vuurwapens afgeneem het.

Willem Lotrie en Cameron het die vlugtendes te perd agternagesit, maar Willem se perd het in 'n gat getrap en hy het van sy perd afgeval. Tydens die val breek hy sy arm, dus moes hy en Cameron na die waens terugkeer.

Piet Jentelman Grobler wat goed bekend was met die Matabele se gebruike, het geweet hulle kon nie die aanval-lers ongestraf laat bly nie. Hy het

250 beeste as vergoeding van hul leier Mokoetsjwane geëis, omdat Piet Jentelman Grobler geweet het die Bamangwato's is Britse onderdane.

Hy het geëis dat die voorwaardes op skrif gestel moes word, ook het hy versoek dat Mokoetsjwane dit onderteken as 'n skulderkenning.

Mokoetsjwane het ingestem, en het gevra hy wil die voorwaardes aan sy mense wat gevlug het verduidelik. Hy sou dan vir Piet Jentelman Grobler-hulle ongewapen, 'n ent van die waens ontmoet. Alhoewel hy gewaarsku was om Mokoetsjwane nie te vertrou nie, het Grobler geen beswaar teen so reëling gehad nie.

Terwyl Mokoetsjwane met sy mense vergader het, het hy stilletjies 'n teken gegee dat Grobler-hulle aangeval moes word.

Skielik het Mokoetsjwane die teken gegee en geskree: "Vang en slaan dood!"

Honderd en sestig Bamangwato's het op Piet Jentel-man Grobler-hulle toegesak. Hulle het terugbaklei, en stel-selmatig na die waens terugbeweeg. Toe die eerste skote klap is Grobler in die enkel van sy linkerbeen geskiet, die koeël het sy been vergruis. Ook Frans Lotrie word in die been gewond.

Die vyftienjarige lewenslustige Helena, wat 'n kind van die veld was, het haar vader se geweer en patroonband gegryp om dit vir die vasgekeerde mans te vat.

Ondanks Piet Jentelman Grobler se waarskuwing dat sy raak geskiet gaan word, gaan staan sy tussen die twee gewondes en sprei haar rok oop om te verhinder dat die Bamangwato's die twee gewondes kan sien.

Skielik is al die Bamangwato's se gewere op haar gerig, maar sy bly kalm. Drie koeëls ruk deur haar rok en ander klap digby haar verby. Doelgerig laai sy die swaar geweer en trek los op die Bamangwato's wat uit die bos gestorm kom.

Die meisie wat steeds ongedeerd daar staan skep verwarring in hul geledere, dit en die dodelike geweervuur vanaf die waens, is te veel vir hulle. Hulle vlug die bosse in.

Terwyl die vier mans die groep agternasit, het die vrouens nadergekom om die gewondes te versorg.

Helena hardloop na 'n miershoop 'n end van die waens af, waar die Bamangwato's hulle gewere voor die onderhan-deling weggesteek het, en nou agtergelaat het.

Sy en haar agtjarige broertjie Bernard het 33 gewere na die waens toe gedra.

Piet Jentelman Grobler se wond was baie ernstig. 'n Berig is dadelik aan sy vrou gestuur. Ook het die berig van die toe-stand van Grobler, die president in Pretoria bereik.

Hy het dokter Lingbeek en mnr. P. de Beer, die volks-raadslid vir die Waterberg, gestuur om hulp te gaan verleen.

Piet Jentelman Grobler is die 24 Julie 1888 by Pontdrif oorlede vóór dr. Lingbeek opgedaag het.

Die regering van die Zuid-Afrikaansche Republiek het geëis dat die Britse owerheid Khama se mense moes straf.

Na amper 'n jaar het die Engelse regering Khama veroordeel en moes hy jaarliks aan mev. Grobler £200 vir onderhoud betaal, ook 'n bedrag van £200 aan Frans Lotrie as skadevergoeding.

Racheltjie de beer

Die Vrystaat wind wat waai
twee kinders wat rond dwaal
in die sneeu het hulle verdwaal
so begin 'n hartseer verhaal

Rachel weet hulle moet aanhou beweeg
anders gaan die koue intree
en die laaste hitte uit hulle verdwyn
die koue laat hulle lyfies pyn

Terwyl hulle al in die rondte loop
weet sy daar is bitter min hoop
sonder 'n tonteldoos en hout
bly dit in hulle koud

Dit begin haar pla
haar boetie wat van die koue kla
skielik sien sy 'n miershoop
binne in hom is daar hoop

hulle lyfies sal mekaar warm hou
as sneeu tog maar net wil ophou
en as die wind net wil ophou waai
sal hulle dalk die wa kan haal

Maar die miershoop is te klein

haar kleinboet huil van die pyn
die trane vries
op sy wangetjies

Rachel weet
sy moet van die koue vergeet
daar is net een manier om haar boetie te red
as hy haar kleertjies aanhet

Naak gaan lê sy voor die miershoop
sy weet vir haar is daar nie hoop
sy weet sy gaan doodvries
sy weet sy het haar boetie bo alles lief

Hierdie is die verhaal van Racheltjie de Beer. Net 'n Vrystater sal verstaan hoe koud die winters kan raak, veral in die Oos Vrystaat. Die gesin was op pad na Suid-Oos Transvaal tydens die gebeurtenis.

Die verhaal speel af in 1843 toe 'n twaalfjarige dogtertjie in ons volk se harte ingegraveer is. Volgens oorlewing was sy die dogter van George Stephanus de Beer. Haar naam was Racheltjie.

Een betrokke snerpende koue middag, het sy en haar boetie na 'n verskalf gaan soek. Dié het nie teruggekom na hulle oornagkamp nie. Die spesifieke kalf met die naam van Frikkie, was een van die kinders se gunstelinge.

Daar word besluit om 'n soekgeselskap uit te stuur. Racheltjie en haar sesjarige boetie besluit om saam met die soekgeselskap na die kalf te gaan soek.

Toe dit begin donker word het die koue toegeneem, dit het ook begin sneeu.

Sy en haar boetie het verdwaal. Ook het sy besef dat hulle kans skraal is om die kamp te haal. Op pad terug, het sy op 'n miershoop afgekom wat deur 'n erdvark uitgehol is.

Sy het haar boetie in die miershoop laat lê, om die koue uit te hou. Hy het naderhand gekla dat hy koud kry. Racheltjie het haar klere uitgetrek, en dit vir haar boetie aangetrek. Racheltjie het sonder klere voor die miershoop gaan lê sodat haar boetie warm kon kry.

Die volgende oggend het die soekgeselskap die kinders opgespoor, maar Racheltjie het die nag nie oorleef nie, sy het verkluim. Haar boetie het egter wel oorleef.

Johanna van Der Merwe

Dit het by Moordspruit begin
Jy was 'n onskuldige kind
Zoeloes wat voor die voet moor
en kinders met assegaai deurboor

Hoeveel het daardie nag die prys betaal
jy was gelukkig die dood het jou nie kom haal
jy is vier-en-twintig keer gesteek
steeds het jy die dood verneuk

Jou gesin was uitgewis
steeds was jou lewenslus nie geblus
jy moes lewenslank mank loop
vir daardie aand se hoop

Hans Dons-hulle het jou verpleeg
gesorg dat jy leef
jou grootgemaak
soos 'n eie dogter

Johanna Cornelia van der Merwe is gebore die 1 Maart 1825.

Nadat Dingaan vir Piet Retief op 6 Februarie 1838 vermoor het, het hy tienduisend van sy impi's uitgestuur om alle trekkers te vermoor.

Die Bloukransmoorde, ook bekend as die Groot Moord, het op 17 Februarie 1838 langs die Boesmansrivier plaasgevind.

Die niksvermoedende trekkers is deur tienduisend Zoeloe-impi's oorval, want op daardie stadium was die nuus dat Retief en sy geselskap vermoor is, nog nie bekend nie. Die trekkers het blykbaar nie 'n aanval verwag nie, en daarom was die trekgroepe ver uitmekaar langs die riviere versprei.

Na die aanval het die gras aanmekaar gekoek van die bloed wat vrylik gevloei het. Die waens was verpletter of verbrand. Die hele omgewing was wit van die verebedde-goed wat stukkend gesny en uitgeskud is. Babas, nog in die arms van hul moeders, is met assegaaie deurboor, sodat die lyke aanmekaar vasgesit het. Babas is ook teen die wawiele doodgeslaan.

Ten spyte van die hartseer tonele wat oorlewendes begroet het, was daar egter ook mense wat die aanval wonderbaarlik oorleef het.

Daar word gereken dat sowat veertig Voortrekkermans, ses en vyftig vroue en honderd agt en vyftig kinders asook meer as tweehonderd bruinmense dié nag vermoor is.

Een kind wat egter dié aanval oorleef het, was Johanna van der Merwe, toe dertien jaar oud.

Johanna was die oggend ná die Groot Moord gevind waar sy onder die lyke van ander kinders gelê het.

Sy self het vier en twintig assegaaisteke opgedoen. Vir oorlewing het sy die liggame van reeds vermoorde kinders oor haar getrek, en daaronder geskuil.

Johanna het die gebruik van haar regterbeen verloor en moes die res van haar lewe met 'n kruk oor die weg kom.

Sy het dit ook daardie nag reggekry om uit die Van der Merwe laer te ontsnap, en na die Prinsloo laer te vlug. Saam met Johanna het 'n Prinsloo dogter twaalf jaar oud, ook die aanval oorleef.

Betta de Beer en Catharina Prinsloo, was saam in 'n boom daardie oggend. Twee Zoeloes het die druppende bloed gesien, en hulle probeer doodsteek. Nadat hulle gedink het dat die meisies dood was, het hulle omgedraai en weggeloop. Catharina Prinsloo was drie en twintig keer gesteek, Betta de Beer is 'n paar dae later dood.

Gert Lucas Joubert het ook oorleef, sy liggaam is gekry onder 'n hoop ander lyke, hy was een en twintig keer gesteek met assegaaie.

Beide Johanna se ouers het in die aanval omgekom. Sy is deur Daniël Bezuidenhout en Johan de Lange, "Hans Dons" grootgemaak. Hans Dons en sy vrou het haar onder hulle sorg geneem en agtien maande lank verpleeg voordat sy van haar wonde genees was.

Johanna van der Merwe het by hulle gebly tot sy vier en twintig jaar oud was. Sy is later met Hendrik Frederik Delport getroud, hulle het ses seuns gehad. Sy is op 15 Januarie 1888 op die ouderdom van twee-en-sestig oorlede. Tydens haar afsterwe was sy woonagtig op Waschbank, die plaas van haar jongste seun in die distrik Rouxville.

Tydens die Simboliese Ossewatrek is Johanna van der Merwe op 14 Oktober 1938 herbegrawe.

Haar oorskot is in 'n klein kiaatkissie, naas die Burger-monument voor Rouxville se N.G. Kerkgebou begrawe.

Advokaat E.G. Jansen, voorsitter van die Sentrale Volksmonumente komitee, was een van die sprekers. Die plegtigheid is deur ongeveer vierduisend mense bygewoon.

Die Johanna van Der Merwe wa is op 15 September 1938 deur ds. A.D. Luckhoff, die leier van die Noordweste-Trek, as die "Johanna van der Merwe"-wa gedoop en op die eerste skof het die wa 'n tweede naam gekry: "Armmans-wa". Die gedagte was dat die wa nuwe hoop sou bring aan die beproefde boeregemeenskap, wat reeds drie jaar deur 'n knellende droogte geteister is.

Op Citrusdal het ds. J.C. van Niekerk die wa se boodskap oorgedra: "Terug na die ou paaie, terug na God."

Na die lang trek deur die dorre Noordweste het die Johanna van der Merwe en die Magrieta Prinsloo, die soge-naamde twee suster-waens, op 25 November in Klerksdorp bymekaar aangesluit. Vanwaar hulle saam na Pretoria getrek het. Die waens staan by die Voortrekkermonument.

Elke Scheidt

Sy was so klei en fyn gebou
tog het sy haar groot gehou
haar lyfie was nog so klein en sag
sy het so maklik gelag

Wat in Otavi gebeur
kon sy dit maar keer
'n paraffienlamp
wat omval
maar haar besluit
was gevul met dapperheid
met die brand en rook wat ontstaan
het sy haar boetes nie agtergelaat

Rainer sukkelend uit sy bedjie getel
saam met die driejarige Dieter die huis verlaat
sy was 'n dapper vyfjarige gewees
was daar meer kinders soos sy

Om Elke se verhaal te verstaan, moet mens eers verdui-delik hoe dinge in 1953 op die plattelandse dorpies was in Suidwes-Afrika. Mens kan nie haar verhaal oordeel teenoor vandag se standaarde en sienings van die wêreld nie.

Otavi is geleë in die noorde van Suidwes-Afrika, ongeveer 30 km van Tsumeb af. Met 'n gemeenskap van vier en vyftig mense.

Met net een polisieman wat sommer by sy huis gaan haal is, wanneer hy nie op diens was nie. Probleme was min in die rustige dorpie, daar was nog nie Eskom-elektrisiteit of teerpaaie nie. (Ons kan nie juis nou spog met Eskom nie)

Elke was vyf jaar oud, en het twee kleiner boeties gehad. Dieter drie jaar oud en Rainer een jaar en vyf maande.

Een aand het Elke Scheidt ('n Duitse dogtertjie) se ouers besluit om vir 'n klein rukkie uit te gaan. Haar vader het die skrynwerkerswinkel op die dorp gehad.

Hierdie voorval het Februarie 1953 in Otavi af gespeel. So ongelooflik as dit mag klink... gemeet aan vandag se standaarde. Haar ouers het die kinders by die huis gelos, Elke moes toesig hou.

In die kinders se slaapkamer was daar 'n paraffien-lampie wat aangesteek was. Rainer was reeds in sy bedjie terwyl Elke en Dieter nog op die vloer gesit en speel het.

Hoe dit presies gebeur het kan mens nie juis sê nie, moontlik het een van hulle die tafel gestamp, of aan die tafeldoek getrek. Die lampie het omval, die paraffien het uitgeloop en aan die brand geslaan. Met die baie rook het Elke dadelik besef dat sy nie die vlamme geblus gaan kry nie.

Sy het toe vir Rainer uit sy bedjie getel sodat hy nie kon doodbrand nie. Sy het aanvanklik gesukkel om hom uit sy bedjie te kry, omdat die bedjie hoë rante gehad het, en syself maar nog net 'n klein dogtertjie was.

Sy het met hom in haar arms, en vir Dieter wat sy aan die hand gevat het, na buite gevlug... Gelukkig het die huis nie uitgebrand nie.

Toe die paraffien op die tafel uitgebrand was, het die vuur vanself doodgegaan. Maar dit kon so maklik verkeerd geloop het sou die gordyne óf die beddegoed aan die brand geslaan het.

Elke was te klein om aan so 'n moontlikheid te dink, al wat sy geweet het was dat die res van die vertrek, en selfs die hele huis, kon uitbrand.

Al was die gevaar ook hoe groot, het sy vreesloos verantwoordelikheid aan die dag gelê en haar twee boeties na veiligheid gelei.

Hierdie reddingsdaad kan wel dalk nie gesien word as iets groot nie, maar vir 'n vyfjarige dogtertjie is dit 'n groot heldedaad.

Daarom eer ek hierdie klein heldin, vir haar heldhaftige optrede en hoop dat dit as aansporing vir elkeen van ons vandag sal dien; om net so vinnig en onselfsugtig op te tree wanneer die omstandighede dit van ons sou eis.

Sonja Dressel

Ligweg waai die blonde hare in die wind
van Februarie af is sy nie meer 'n kind
in die kyk van haar blou oë
lê die besef dit was nie moor

Gewapen met 'n G3 geweer
het sy in haar hart geweet
die keer is dit nie 'n koedoebul
die keer is dit om te oorleef

Kalm lê sy aan in haar visier is 'n man
die twyfel lê vlak tog weet sy, sy kan
die fluisterklank van die G3 is wat sy hoor
hy sal nooit weer plunder en moor

Dan hoor sy 'n snaakse gesug
sy weet alleen is dit nou haar plig
kalm lê sy aan, skoot vir skoot skiet sy
dan die stilte, hulle het gevlug dit is verby
haar kindwees is verby

Twee terroriste is doodgekry
haar beloning is groot sy en haar gesin het oorleef
ook die medalje vir bekamping van terrorisme gekry
Dit is Februarie maand, en reënseisoen in Suidwes Afrika.

Die area tussen Grootfontein, Tsumeb en Otavi staan bekend as die doods-driehoek. Elke jaar kom daar hon-derde Swapolede wat infiltreer en onrus saai.

61 Mech-bataljon, met 'n paar eenhede is op gereed-heidsgrondslag geplaas. Maar die area is te groot en reën maak dit moeilik om spoor te vat, selfs al het hulle uitste-kende spoorsnyers.

1980 was soos geen ander jaar nie, daar het ongeveer agthonderd Swapo-lede na die noorde van Suidwes-Afrika geïnfiltreer.

Die aand van die 22 Februarie tussen 18:30 en 18:40 kom die Dressels agter hulle telefoon werk nie. Ligweg spot die sestienjarige Sonja dat dit seker 'n terroristeaanval is. Soos ons vandag ook maar maak in tye van plaasaanvalle. Ons weet dit gebeur, maar ons dink dit sal nie by ons gebeur nie.

Skielik gaan die honde vreeslik te kere. Sonja maak die voordeur oop om te kyk wat aangaan. Sy sien vyf gewapende terroriste oor die draadheining klim. Dié is werklik 'n aanval op hulle plaas Harabib 43 km van Grootfontein, besef sy.

Vinnig slaan sy die deur toe, en skree dat dit 'n terroriste-aanval is. Almal storm na die hoofslaapkamer waar die wapens in die kluis gehou word.

Haar pa Eberhard (54) wat 'n kommando-lid was, vat die .357 rewolwer en gee vir Sonja die G3 geweer. Alhoewel sy nog nooit met die G3 geskiet het nie, is sy 'n plaasnooi en het al 'n paar bokke geskiet. Sy besef dié gaan anders wees.

Daarna is sy en haar pa na die kombuis waar hulle 'n groter uitsig oor die erf het. Haar moeder Helga, het later erken sy het kop verloor en was hulpeloos in die situasie. Sy en Sonja se negejarige broer, wat spesiale aandag nodig het, het kamer toe gegaan en net gebid.

Aanvanklik skiet Sonja op enige beweging, en moet sy naderhand nog 'n magasyn in die kamer gaan haal. Maar dan kom 'n kalmte oor haar, dit is soos om 'n bok te skiet, mens moet seker maak.

Dan sien sy een... Kalm, vreesloos en sonder om te huiwer lê sy aan. In 'n breukdeel van 'n sekonde skiet sy, en soos wat hy val. weet sy hy is dood.

Sy raak verlig, die kanse raak gelyk. Hulle is nou twee teen vier... Maar dan hoor sy haar pa gee 'n snaakse sug, terwyl sy vinnig kyk weet sy dat hy dood geskiet is.

Dit is nou sy teen die vier terroriste. Gelukkig besluit die terroriste om die aftog te blaas, maar sy sit vasgenael voor die venster. Wat as hulle terugkom...

Later kom daar 'n plaasarbeider aan, hulle stuur hom met die trekker na die naaste buurman wat een kilometer van hulle af woon, om te vertel wat gebeur het.

Onmiddellik het die bure se saamwerk groep vertrek, later het die polisie ook bygekom. Tydens die soektog het die polisie op nog 'n dooie terroris afgekom, wat beteken sy het twee geskiet. Die groep wat gevlug het is agtervolg en binne vier weke geëlimineer.

Sonja het vierduisend rand gekry vir die twee terroriste wat sy geskiet het. Maar as sy kon kies, sou sy eerder nie die aanval wou gehad het nie.

26 Junie 1981 staan 'n meisie met blonde hare en blou oë by 'n plegtigheid. Daar is 'n kyk in haar oë wat net sekere mense kry, 'n kyk wat geld nie kan koop nie.

Die Suid-Afrikaanse Polisie oorhandig aan haar 'n medalje vir die bekamping van terrorisme. Dit maak haar die jongste persoon in die geskiedenis wat hierdie medalje ontvang.

Normaalweg is Sonja net 'n standerd 9 leerling aan die Hoërskool Grootfontein wat hokkie speel, en na skool B Comm wil gaan swot. Sy glo die weermag is nie vir vroue nie.

Toe hulle haar vra of sy 'n boodskap het vir vroue in sulke situasies het sy geantwoord: "Bly kalm in 'n aanval-situasie, en staan jou man. Dit help nie om onder die bed weg te kruip nie, hulle sal jou kry. Die gevolge sal erger wees, met meer gevolge."

Westdene Busramp

'n Geel bus
kinders wat in 'n watermassa rus
twee dae voor die skool sluit
het God anders besluit

Hy het blomme in Sy tuin gesoek
die kinders van Hoërskool Vorentoe
was goed genoeg vir Sy pragtige tuin
tog het dit die ouers gelaat met pyn

Hierdie dag is kinderhelde gemaak
onselfsugtig hulle maats se lewens aangeraak
Daniël du Toit, Rudie Opperman
en so kan ek aangaan

Theo de Koker, Willem van Aswegen
het gekeer die water graf kon nie nog lewens
neem
Johan Gordon, Matthys Wehmeyer, Stephanus
van Wyk
kon nie net toekyk

Renette van Deventer, Petrus Waldeck, Danie
Theron,
vier jaar later het die spoke vir hom gekom
Ockert Jansen van Niewenhuizen, Coenraad
Viljoen
het gedoen wat hulle moes doen

Petrus Koen, wat kan ek van hom sê
soos Wolraad Woltemade
te veel keer ingegaan
die sesde keer was een keer te veel

Op Woensdag 27 Maart 1985 omstreeks 13:15 het die bestuurder Willem Horne beheer verloor oor die skoolbus van Hoërskool Vorentoe.

Willem Horne, kon nie onthou wat gebeur het nie, aangesien hy kort voor die ongeluk sy bewussyn verloor het. Hy was op pad om skoliere van Hoërskool Vorentoe huis toe te vervoer. Die bus het deur die dam se versperring gebars en in die water beland.

Die ondersoek het getoon dat daar geen misdaad vermoed word nie. Hy was ook nie onder die invloed, óf nalatig nie. Gevolglik is hy vrygespreek.

Almal was opgewonde, aangesien die vakansie oor twee dae sou begin. Die kinders het luidrugtig oor ou flieks en plate geklets.

Die een oomblik het iemand nog ewe laf die Shivelle's se Leader of the pack begin sing, die volgende oomblik was daar chaos... Ongeveer 13:15 het die geel stapelbus skielik erg na links op die Westdene-brug geswenk – en oor die rand gestort.

Tien meter verder het die swaar bus se een stel wiele in die modder vasgeval. Stadig het die bus begin sink. Leerlinge wat op die bodek gesit het, het ongeveer twaalf minute tyd gehad om hulself te bevry. Daarna sou die bus in die donker watermassa verdwyn.

Twaalf minute. Tagtig kinders. Oral het maroen rokke, wit hemde en grys broeke by die oop vensters begin uitborrel. Geskok en verward, verbysterd oor wat so pas gebeur het. Sekondes nadat dit die brug verlaat het, was die Triomfbus 'n rampbus.

Doodgewone skoolvriende het eensklaps helde geword. Kuifie de Koker en Matthys Wehmeyer, twee spelers van die eerste rugbyspan, was in 'n ander bus voor die ramp bus.

Kuifie het skielik 'n gil agter hom gehoor, hy het omge-kyk en gesien hoe die geel bus agter hulle in die damwater wegsak.

"Stop! Hou stil, Oom!" het hy onmiddellik geskree en dadelik van sy skoene en baadjie ontslae begin raak. Sonder om te aarsel het Matthys sy voorbeeld gevolg. Sekondes later het die twee rugbymaats in die damwater weggeduik.

Die eerste gesig wat hulle in die troebel water teëgekom het, was dié van 'n vriend, Deon Beukes. Saam het hulle Deon weerskante onder sy arms beetgekry en hom boontoe gehelp. Dadelik is hulle weer ondertoe.

Dié keer het hulle 'n lewelose meisie by een van die vensters opgemerk en haar gou-gou na buite getrek. "Eurika!" het Kuifie verras uitgeroep toe hy sy eie suster herken! So vinnig as wat hulle kon het hulle haar tot op die bus se dak gehelp. Daar het hulle vasgestel dat sy slegs bewusteloos was.

Soos ware lewensredders het die twee seuns Eurika se mond oop geforseer, want van pure skok het sy op haar tande gekners. Eers nadat Kuifie haar tong met sy vinger uit haar keel gehaal het, het daar 'n klomp water uit haar keel gestroom.

Die volgende oomblik was 'n paar ambulansmanne byderhand om verdere hulp te verleen. Maar dit was danksy die vinnig optrede van 'n broer en sy vriend, dat Eurika de Kooker die ramp oorleef het.

Coenraad Viljoen het 'n verbygaande motoris voorge-keer en gevra vir 'n domkrag om die bus se ruit te breek, alhoewel dit 'n blink plan was, het die bus te vinnig in die water verdwyn.

Die skraal geboude John Gordon wat 55 kg geweeg het, het ook lewens gered. Hy vertel: "Ek het gesien my vriend, Vlaggies Waldeck, is bewusteloos en het met hom by 'n oop venster uitgeswem. Sy nooi, Lizette van Vuuren, het hom aan sy voet vasgegryp en saam uitgeswem. Toe het ek altwee tot op die bus se dak gehelp."

Daarna sou John weer 'n keer afduik om die veertien-jarige Elize Venter ook te bevry van die klein vensterraam waarin sy vasgesit het. Drie lewens is deur hierdie skraal, maar moedige seun se toedoen gered.

Danie du Toit is deur die krag van die water onderstebo gestamp. Hy het in die agterste gedeelte van die bus by die agterruit uitgeswem. Ook hy het besef dat daar nog kinders onder die dek was waarop hy gesit het. Hy het hulle dringend te hulp gesnel. Hy het sonder om aan sy eie lewe te dink, teruggegaan en twee meisies gered.

Later die aand het hy verwese opgemerk: "Een van die meisies se vuiste was stukkend, seker soos sy gespook het om 'n ruit te breek sodat sy kon uitkom ..."

Dit was Suid-Afrika se grootste busramp tot op hede, maar ook omdat al twee en veertig slagoffers skoolkinders was. 'n Mens kan maar net verstom staan oor die feit dat die res van die ongeveer tagtig leerlinge aan die dood ontkom het.

Binne oomblikke het omstanders, onderwysers en medeskoliere soveel moontlik leerders probeer red totdat die nooddienste opgedaag het. Die oorlewende kinders is almal na die JG Strydom-hospitaal geneem vir behandeling.

Die ramp het die lewens van twee en veertig kinders geëis. Die meeste van die kinders het waarskynlik verdrink, aangesien die impak van die botsing nie so groot was nie.

Maar die aangrypendste naas al die hartseer, was sekerlik die verhale wat oorlewendes agterna te vertelle gehad het oor die heldhaftige optredes van skoolmaats. Doodgewone skoolkinders wat oornag helde geword het.

Die volgende leerlinge is vereer: Woltemade-dekorasie vir Dapperheid (Goud) aan Daniël du Toit (14) en Rudie Opperman (15), Woltemade-dekorasie vir Dapperheid (Silwer)Theo de Kooker (17), Johan Gordon (15), Willem van Aswegen (14), Petrus Waldeck (14), Matthys Wehmeyer (17), Renette van Deventer (17), Stephanus van Wyk (17), Coenraad Viljoen (15), Ockert Jansen van Niewenhuizen (13).

Danie Theron het drie kinders gered, en Petrus Koen het vyf gered, albei is sewentien jaar oud. Laasgenoemde, postuum Pieter Koen, het vyf mede-skoliere gered, maar het self verdrink terwyl hy besig was om 'n sesde slagoffer te help.

Die sterftesyfer sou aansienlik hoër gewees het as vier mans nie onverskrokke in die dam gespring en met hul kaal hande van die bus se ruite uitgebreek het nie. Hulle het verskeie kinders van 'n gewisse watergraf gered.

Die rampbus van die Johannesburgse-munisipaliteit het ses ure in die dam gelê. Eers teen 19:00 daardie aand kon drie mobiele hyskrane daarin slaag om die geel bus uit die water te trek.

En soos die bus stadig uit die water te voorskyn gekom het, het die nuuskierige skare met 'n knop in die keel die advertensie van die vuurhoutjie maatskappy op die bus se sy gelees: "The best friends are simple, reliable and honest..."

Dit was 27 Maart 1985, toe selfs geharde polisie-manne en joernaliste langs rye en rye toegegooide lykies gestaan en huil het. Hulle lewelose hande en voete – nog met skoolskoene aan – het onder grys komberse uitgesteek.

Terwyl die dramatiese reddingspoging aan die gang was om die oorlewendes te probeer red, het kermende moeders die polisiemanne gesmeek om uit te vind waar hul kinders is. "Sê my tog asseblief, Meneer, waar is mý kind?" Talle mense, veral leerlinge van die skool, het op die toneel ineengestort en moes behandel word.

Kosie Briedenhann

sommige mense het geld
allermins maak dit jou 'n held
hy was net 'n bywoner seun
tog was hy die dapper een

Generaal Hartjie het 'n sagte naam
maar hy was 'n soldaat van faam
uit die Griekwastad Hay gebied
het die Engelse dit nie met sy rebelle geniet

Een oggend op die plaas Downs by Cambell
het 'n spioen die Engelse gaan vertel
vroeg oggend is hulle aangeval
elke man moes uitjaag so vinnig as hy kan

Kosie was in veiligheid
tot sy ontsteltenis het hy omgekyk
veldkornet Visser se perd was verbouereerd
die Engelse sou hom arresteer

Kosie besluit daar is min tyd
onder geweervuur jaag hy terug
help sy veldkornet op sy perd se rug
maar Kosie se perd ruk los

Die veldkornet kon hom nie daar los
maar 'n Engelse koeël
het dit anders bedoel
Kosie was noodlottig gewond

Liefde is wat jy voel vir 'n kameraad
dalk was hy soos 'n pa met wie Kosie kom
praat
ons sal hom nie onthou as die bywoners seun
eerder as die dapper van dapperste een

Jacobus Christiaan Briedenhann (Kosie) is op 28 Desember 1884 op die plaas Downs 15 km noord van Campbell gebore. Die plaas is 120 km wes van Kimberley. Sy ouers was bywoners op die plaas van Jacobus Johannes Faber, die kleinseun van Cornelis Faber wat tydens die Slagters-nek rebellie opgehang is.

Cornelis Faber van Slagtersnek se hele gesin, onder andere sy seun Petrus Coenraad wat gebore is in die jaar 1806, was verplig om teenwoordig te wees tydens die teregstelling. Dit was ook die jaar wat die Engelse die Kaap beset het.

In 1899 toe die Anglo-Boereoorlog uitbreek, het die Fabers besluit om as rebelle by die Boeremagte aan te sluit.

Daar was 'n menigte rebelle uit die distrik wat aansluit het by die Boeremagte, hulle was bekend as die Kaapse rebelle.

Uit Griekwastad en Hay-gebied het ongeveer vierhon-derd man aangesluit, onder bevel van 'n boorling uit die gebied, generaal PJ (Ou Hartjie) de Villiers.

Ten spyte van sy bynaam was hy 'n meedoënlose vegter, en die rebelle onder sy bevel het puik diens gelewer.

Een van die Veldkornette onder sy bevel was veldkornet Visser. 'n Groot deel van Petrus Faber se seuns en familie-lede, asook veldkornet Visser was ook onder sy bevel.

Op 16 het Kosie hom by die Boeremagte as 'n Kaapse rebel aangesluit, by die rebelle van die Griekwastad-Hay gebied. Hy is in 'n verkennerskorps onder bevel van veldkornet Willem Visser ingedeel saam met vyftien ander burgers.

Op 24 Oktober 1901 het die groep teen sononder op die plaas Downs aangekom, hulle het geweet dat daar heelwat Engelse in die omgewing was, en het besluit om nie by die opstal te oornag nie. Hulle het 'n geskikte plek sowat 1 km wes van die huis tussen digte bosse gevind en daar afgesaal om te oornag.

Hulle het die perde naby die slaapplek gekniehalter, maar hulle was egter onbewus daarvan dat 'n Griekwa-spioen hul bewegings fyn dopgehou het. Die spioen het hulle aan die Engelse in Campbell gaan rapporteer.

Britte, onder bevel van generaal Charles Warren, het die groep omsingel en aangeval. Die Fabers moes in hulle eie agterplaas veg.

Met dagbreek is die slapende groep deur die geblaf van honde by die opstal gewek, hulle het onmiddellik geweet dat alles nie pluis was nie en het vermoed dat daar Engelse op die plaas was.

Veldkornet Visser het opdrag aan sy burgers gegee om hul perde gereed te hou. Terwyl die boere se aandag nog in die opstal se rigting toegespits was, het die spioen die Engelse berede mag met 'n ompad gelei. Die boere is verwoed uit 'n suidelike rigting aangeval.

Veldkornet Visser het dadelik sy manne beveel om weg te jaag, aangesien die oormag te groot was, maar die geweervuur het veldkornet Visser se perd verbouereerd gelaat, en hy kon nie op sy perd kom nie.

Hy het tevergeefs probeer om die perd te kalmeer.

Hy het met doodsveragting teruggejaag onder hewige geweervuur. Terwyl die koeëls om hom gegons het, het hy sy veldkornet se lewe probeer red.

Intussen het die ander burgers reeds veiligheid bereik.

Kosie het van sy perd afgespring en die stang van Veldkornet Visser se perd vasgegryp sodat hy kon opklim Kosie se eie perd het egter losgeruk en weggehardloop.

Veldkornet Visser het toe aan hom gesê om agter 'n digte bos in te spring, sodat hy hom agter op sy perd kon laai en wegjaag. Tydens dié reddingspoging het 'n Engelse koeël Kosie noodlottig in die kop getref. Veldkornet Visser moes noodgedwonge na veiligheid jaag.

Die 16-jarige Kosie Briedenhann het op die plaas Downs by Campbell in Noord-Kaap gesneuwel. Sy lyk is die-selfde dag in komberse toegedraai en daar begrawe.

Die verskil tussen Kosie Briedenhann en Dirkie Uys... Dirkie Uys het sy vader te hulp gesnel, terwyl Kosie 'n kameraad, sy offisier se lewe probeer red het.

Kort ná die sluiting van die Vrede van Vereeniging in 1902 het die familie Kosie se oorskot uit die veldgraf opgegrawe en in die familiekerkhof op Downs herbegrawe. Op sy grafsteen staan in verweerde letters:

Het graf zal immers hier getuig
Hy sterf gelyk een held
Voor onze vreiheid in ons volk
Rust hy hier in ons velt.

In 1969 is sy oorskot op Magersfontein herbegrawe deur die Raad vir Suid-Afrikaanse Oorlogsgrafte. Die graf-steen en 'n monument staan steeds op die slagvelde, wat op Downs te sien is.

Kosie, se heldhaftige optrede en dood tydens die slag word vandag nog by die Faberspruit Monument gedenk.

Marthinus Oosthuizen

Saam met Sarel Cilliers
het hy uitgetrek om die boere
by Moordspruit te gaan help
elke wapen in veld was die van 'n held

Hy het kinders vermoor
babas laat deurboor
teen wawiele doodgeslaan
die werk van barbaar genaamd Dingaan

Die Van Rensburgs en die Pretoriusse was omring,
die einde het hulle nadergewink
toe daag Cilliers op met sy vyftien man
en bestook die Zoeloes van die agterkant

skielik wys 'n geweer in die lug;
Cilliers weet hulle lood en buskruit is klaar
dit is eenkant in 'n wa
hoe gaan hulle maak

Dadelik spring die agttienjarige weg
tussen die Zoeloes deur is hy besig om te veg
Sy ruitersvernuf doen dit vandag vir hom
hy het by die wa gekom

haastig maak hy kruit en lood bymekaar
weer jaag hy deur die Zoeloe gevaar

by die Van Rensburgs gee het die kruit af
saam met Cilliers weer hulle die aanval af

Was dit nie vir Martinus Oosthuisen nie
sou die Van Rensburgs nie weer daglig gesien
het nie
die nag van Moordspruit
het 'n ruiter onsterflikheid verkry

Die jaar was 1838. Piet Retief en sy klein
kommando het gaan onderhandel met Dingaan oor
grond. Piet Retief was vol hoop en verwagting, en
het sy mense aangeraai om reg te wees om die
nuwe land te bewoon.

In afwagting het hulle uitgesien na die koms
van Retief. Retief sou egter nooit opdaag nie.

Nadat Dingaan die traktaat geteken het wat
grond gee aan die Trekkers, het sy impi's vir Retief
en sy manne vermoor. 'n Veldtog van moord en
doodslag het hierop gevolg... Beginnende met die
groepie trekkers wat hulle staangemaak het langs
die Bloukransrivier.

In die middernagtelike ure, terwyl die trekkers
rustig slaap, word die bloedige aanval genadeloos
geloods... Die Van Rensburg en Pretorius-gesinne
was op 'n koppie, omring deur hordes Zoeloes.
Bokant die oorlogsrumoer en geraas van die
Zoeloes se geskreeu, het hulle besef dat hulle kruit
en lood klaar was.

Om die ammunisie te gaan haal en dan vir hulle te neem kon alleenlik deur doodsgevaar gedoen word.

Marthinus Oosthuizen besef hulle gevaar, en veg vir hom 'n pad oop deur die Zoeloes na die ammunisie toe. Daarna moes hy weereens 'n pad oopveg om die ammu-nisie op die koppie te kry.

Deur sy heldedaad het hy hulle gered van totale uitwissing... Ander langs die Bloukransrivier sou egter nie so gelukkig wees nie. Daardie nag het daar eenhonderd vyf en tagtig kinders, ses en vyftig vrouens, veertig mans en tweehonderd en tagtig bediendes gesterf. Later sou die dorpie Weenen daar gestig word.

Lourens Christiaan de Klerk wat oorleef het, het later vertel dat 'n vrou wat in hulle laer ingestrompel gekom het, so geskok was dat sy nie kon praat nie.

Daniël Bezuidenhout, met bloed wat uit hom stroom, het uitgeroep: "Almal is vermoor, die Zoeloes was hier."

Waarna hy die verhaal vertel het hoe die hond hom om eenuur wakker geblaf het. Eers het hy gedink dit is 'n luiperd, maar dit was 'n Zoeloeregiment.

Na die Zoeloes die hond doodgesteek het, het hy geretireer en in 'n tweede regiment vasgeloop.

Sy vrou en ses dae oue baba het gevlug. Ook kon hy hoor hoe steek die Zoeloes sy vader dood. Met sy kind in sy arms kon hy deur die Zoeloes breek, maar hulle is elke keer met die baba se gehuil nadergelok.

'n Zulu-impi het hom gesteek terwyl hy oor sy kind gebuig het, die assegaai het by sy skouer ingegaan. Deur sy bors, by sy rib uit. Dié steek was noodlottig vir die kind.

Hy is daarna nog twee keer gesteek. Uiteindelik het hy dit reggekry om te ontsnap, waarna hy die ander Trekkers gewaarsku het. Onder andere die Van Dijks, die Scheepers, sowel as die Roets en Van Vuurens, asook die familie van Karel Geer.

Dit het baie lewens gered. Terwyl Bezuidenhout nog sy storie vertel het, het die perde van Heila Petronella Roets en haar twee dogters die laer binnegery gekom. Haar man was saam met Retief vermoor. Sy het bevestig dat al die Bezuidenhouts vermoor is. Sy het ook vertel dat nadat sy gevlug het, sy gesien het hoe al ses en dertig van die Greylings en die Engelbrecht-families gehardloop het vir hulle lewens na hulle waens toe.

Geweergevegte het deur die nag orals uitgebreek, tot die kinders moes veg om te kan oorleef. Een so voorbeeld was die tienjarige seun van Gerrit Maritz wat gelaai en geskiet het soos 'n volwasse man.

Marthinus was saam met Sarel Cilliers optrek, toe hulle die nuus ontvang het van 'n kommando – ongeveer vyftien man onder een van die Van Rensburg leiers. Hulle was in 'n geveg betrokke met honderde Zoeloe impi's, op 'n naby-geleë koppie.

Cilliers en sy trekkers is dadelik daarheen om hulp te gaan verleen, en het die Zoeloes van agteraf aangeval. Hulle is egter kort-kort teruggedryf, maar het op 'n stadium so naby aan die mans gekom, dat hulle Van Rensburg se boodskap gekry het. Hy het sy geweer onderstebo gehou by die Van Rensburg-koppie om te wys hy het nie meer ammunisie nie.

Willem Rensburg en Sarel Cilliers het besef dat hy 'n tekort aan ammunisie het, hulle kon ook hoor hoe Van Rensburg hulle laat weet dat hy wel 'n voorraad buskruit en lood besit, maar dat dit verder daarvandaan in 'n wa versteek was.

Niemand het gedink dit is moontlik nie, maar 'n klein groepie mans het deur die Zoeloeregiment geveg. Die agttienjarige Martinus Jacobus Oosthuizen, of Tinie soos hy genoem was, het op sy perd "Blackie" deur die Zoeloe massa in die rigting van die wa gebars.

Met die buskruit en lood het die seun dapper met sy perdry vernuf teruggejaag en desperaat, terwyl die mans fassinerend gekyk het, deur die eenduisend vyfhonderd Zoeloes gebreek en hulle assegaaie ontduik. Vir 'n oomblik het dit gelyk of hy dit nie gaan maak nie, want 'n massa Zoeloes het hom agtervolg. Hy het letterlik oor hulle koppe "gevlieg" met sy perd, maar toe breek hy deur hulle en voltooi sy tog binne 5 minute.

Van Rensburg en sy manne het die ammunisie dankbaar ontvang en die geveg met nuwe ywer begin. Die Zoeloes is nou van twee kante bestook en die trekkers wat intussen versterkings bygekry het, kon die geveg wen. Marthinus se daad het meer as vyftien lewens gered. Die vrouens van die mans wat gered is het hom oorval met soene van dankbaarheid na die tyd.

Johan le Roux

'n bus op 'n spoor
sy enjin het gesmoor
Meneer Koekemoer probeer hom start
die bus bly in gevaar

Die kinders van DF Malan
was bitter bang
daar was 'n postrein op pad
die bus was in sy pad

die kinders het van angs gesweet
hulle het geweet
dit is die einde van die lyn
op die Henley-on-klip spoorlyn

een kind kon die dood ontsnap
tog is twee ander by die ruit uitgestamp
so het hy sy lewe verloor

die Henley-on-klip busramp
die 28 ste Januarie
was 'n dag wat ons nooit saal vergeet
drie en twintig kinders het daar hulle lewe
gegee

Tot in die tagtigerjare was die Henley-on-klip busramp die grootste busramp in Suid-Afrika. In 1985 het die Westdene busramp gebeur, wat dié grootste busramp geword het wat skoolkinders betref. Hoe ook al sy, beide was ewe erg vir hulle onderskeie gemeenskappe. Skokgolwe is deur die hele Suid-Afrika gestuur.

Hierdie busrampe oortuig my net dat ons dit nie as vanselfsprekend kan aanvaar dat ons kinders ongedeerd huis toe sal kom nie.

Ek praat nie eens van die Hoërskool Driehoek van 2019 nie. Dit is net nog 'n bewys.

Die middag van die 28 Januarie was die bus met een en veertig kinders op pad huis toe, na 'n doodgewone skool-dag.

Op die spoorlyn tussen Vereeniging en Johannesburg het die bus gaan staan. "Meneer Koekemoer, die busbe-stuurder, kon die bus nie weer aan die gang kry nie..." het 'n matriekleerling van die hoërskool Dr Malan vertel. (Die skool is vernoem na 'n voormalige Eerste Minister van Suid-Afrika)

Johan Le Roux van Meyerton, het twee kinders by die venster uitgegooi, sonder om aan sy eie veiligheid te dink.

Die postrein het die bus getref en drie en twintig kinders het hulle lewens verloor. Sestien is beseer, net die twee wat Johan by die venster uitgegooi het, het ongedeerd daarvan af gekom. Meneer Koekemoer het ook oorleef.

Johan le Roux het vir hierdie daad met sy lewe betaal.

Henley-on-Klip is 'n nedersetting in Gauteng, Suid-Afrika. Die dorpie is net noordoos van Meyerton langs die Kliprivier geleë.

Die "Bass Lake" in Henley-on-Klip is 'n gewilde bestem-ming vir skubaduikers.

'n Gedenkteken in die vorm van 'n piramiede is naby die spooroorgang opgerig. Jaarliks word kanse gelê deur die skool, naasbestaandes en die Voortrekkerbeweging.

Na die ramp is daar ook 'n monument vir Johan en die drie en twintig slagoffers van die busramp op die skool-terrein opgerig. Die Wolraad Woltemade-medalje vir dapper-heid is in 1973 nadoods aan Johan toegeken.

Hy was ook 'n knap voortrekker en sou 'n Presidente-erkenning ontvang het. Die Johan le Roux-straat in Meyer-ton wat by die Hoërskool verbygaan, is ook na hom ver-noem.

Die Johan le Roux-brug wat die R 59-hoofweg oorspan, en die straat wat die hoof toevoerroete na Meyer-ton is, is vernoem na 'n matriekseun wat ook 'n leerling aan Hoërskool Dr. Malan in Meyerton was.

Japie Greyling

Vra hom sy naam
dat ons hom kan ondervra
ek wil alles van die kommando weet
ek weet hierdie kind weet

Kaptein, hy sê ons is te bang.
Om self die inligting
by die kommando te gaan haal
ook dat ons self die rigting moet bepaal

sê die kind ek laat nie met my speel
hy sal die inligting met my deel
of ek maak hom staan
teen die huis se witgekalkte muur

het hy al van 'n vuurpeloton gehoor
weet hy, hy gaan sy lewe verloor
ek weet hy is skaars elf jaar oud
oud genoeg vir 'n vuurpeloton

sê hom ek vra weer
waar is die kommando heen
die gewere is al gelaai
steeds wil die kind nie die boere verraai

seun van my land

jy is 'n dapper man
ek is kaptein Seely
ek wil jou graag na die oorlog sien

soveel dapperheid het ek nog net van gehoor
al kon jy jou lewe verloor
seun sê my wat is jou naam,
dat hy vir ewig in my hart kan staan

Kaptein
ek is Greyling
Japie Greyling
'n Vrystaatse soldaat

Jacobus Johannes Cornelis (Japie) Greyling is die 25 Junie 1890 op die plaas Smaldeel in die distrik Hoopstad gebore. In die destydse Republiek van die Oranje-Vrystaat.

Kommandant Barend Greyling, Japie se vader was 'n gerespekteerde man, wat in verskeie oorloë, insluitende die Eerste Vryheid oorlog in 1881, geveg het.

Hy en sy twee ouer seuns het op kommando gegaan, en moes die tienjarige Japie saam met sy moeder, susters en tweeling broertjie op die plaas laat agtergebly.

Eienskappe soos lojaliteit, getrouheid teenoor hulle ouers, familie en God, is vroeg by die kinders ingeprent.

Barend se reputasie as soldaat het hom vooruit geloop. 2 Maart 1901 het die boere hulle metode van oorlogvoering verander, en het hulle 'n guerrillastryd begin gevoer.

Die Boeremagte het in klein kommando's verdeel wat oral op onverwagte plekke toegeslaan het, en dan weer vinnig padgegee het voordat die Britte hulle kon vaskeer.

In Maart 1901 het een van die kommando's, Japie se vader se kommando wat in Hoopstad distrik besig was, op die plaas Smaldeel oornag. Dit was die plaas van die Greylings

Kaptein Seely, onder lord Kitchener, het diens gedoen en was bekend as 'n voorbeeldige mens, gewilde leier en dapper soldaat.

Hy het 'n baie groot bewondering vir die Boerevegters gehad en het hulle as dapper, beskaafde en eerlike mense beskou.

Kaptein Jack E. B. Seely was 'n baie lewendige knaap, en het dikwels waaghalsige streke aangevang. Hy het ook hulle bewondering vir sy vindingrykheid afgedwing.

Hy wou baie graag 'n soldaat word en het 'n deeglike opleiding aan 'n militêre kollege deurloop.

Tydens die Anglo-Boereoorlog het hy die rang van kaptein beklee. Hy was bewus daarvan dat 'n klompie burgers op die plaas Smaldeel oornag het, hy het tot die gevolgtrekking gekom dat daar 'n kommando iewers in die omgewing moes wees.

Hy het op 'n vurige Arabiese perd met die naam "Maharajah" gery toe hy en veertien ander ruiters op die plaashuis afgestorm het.

Op die plaas aangekom, het het hy met behulp van 'n tolk 'n jong seun gesien en hom nadergeroep en hom ondervra. Hy wou weet wie die aanvoerder van die kommando was, ook hoe groot die kommando was, en waarheen hulle op pad was.

Die elfjarige Japie Greyling het geweier om enige inligting aan kaptein Seely te gee. Kaptein Seely het verskeie pogings aangewend om Japie te oortuig om inligting te gee, toe niks werk nie, het hy uit 'n desperate poging die elfjarige seun teen 'n muur van die huis staan- gemaak, 'n vuurpeloton gekry om hom so te dwing om te sê wat hy wou weet. Hy het gedreig hy sal Japie skiet as hy nie sê wat hy wou weet nie, steeds het Japie geweier om te praat.

Alle pogings van Seely om die seun so ver te kry om te praat, was vergeefs. Hy wou Japie maar net skrikmaak om lewensbelangrike inligting van hom te kry.

Hy het Japie 'n laaste maal vir die inligting gevra, en beloof om hom te bevry indien hy die inligting sou verstrek. Japie het egter nog steeds geweier, en gesê hulle kan hom eerder skiet voor hy die boere sal verraai. Kaptein Seely het sy soldate beveel om korrel te neem. "Gereed!" Steeds het Japie geweier om te praat, Kaptein Seely het toe stilweg sy manne beveel om te stop en hulle gewere te laat sak.

Die dapperheid van die kind het Seely geweldig beïn-druk. Hy het Japie met 'n handdruk gegroet en gesê hy hoop hy al hom eendag weer ontmoet, toe het hy die plaas verlaat.

Die onverskrokkenheid en beginselvastheid wat Japie Greyling aan die dag gelê het, is eienskappe wat vriend en vyand as heldemoed erken en waardeer.

Kort na hierdie voorval het Seely na Engeland teruggekeer, en op 31 Mei 1901 by Plymouth aan wal gestap. Kaptein Seely is as lid vir "Isle of Wight" vir die Laerhuis verkies.

Kort na sy terugkeer het hy verskeie Britse-koerante oor die kole gehaal omdat "wolhaar stories" en valse berigte oor die sogenaamde "wrede boere" verskyn het.

Na afloop van die Tweede Vryheidsoorlog het hy navraag in Suid-Afrika laat doen, hy wou die heldhaftige seun, Japie Greyling ontmoet. Die seun wat bereid was om ses geweerlope, 'n kwaai kaptein (kaptein Seely) en nog veer-tien ander soldate te weerstaan, eerder as om sy vader en vaderland te verraai.

Kaptein Seely moes die saak met 'n vraelyste laat oplos, omdat verskeie persone daarop aanspraak gemaak het dat hulle dié dapper seun was.

Baie jare nadat die oorlog lankal reeds verby en byna vergete was, het die Engelse offisier steeds vertel van die dapper klein Boertjie wat hy in Suid-Afrika ontmoet het.

Na die oorlog het hy bevriend geraak met generaal Louis Botha en het daar 'n interessante briefwisseling tussen hulle ontstaan.

Seely het eenkeer 'n gesant na Suid-Afrika gestuur om Japie Greyling te oorreed om op sy koste 'n besoek aan Brittanje te bring, maar Japie het egter geweier, omdat hy 'n kwaai asmalyer was en niks van publisiteit gehou het nie.

Kaptein. J.E.B. Seely en het tydens die Eerste Wêreldoorlog (1914-1918) een van die hoogste militêre poste in Brittanje beklee.)

In sy boek **FEAR AND BE SLAIN** wat in 1931 gepubliseer is, het kaptein Jack Seely 'n volledige beskrywing van die voorval met die kinderheld, Japie Greyling gegee. Hy het 'n getekende eksemplaar van die boek vir Japie gestuur met 'n inskripsie in sy eie handskrif voor in die boek, waarin hy die voorval van 1901 in herinnering roep. (Dié boek behoort vandag aan Japie Greyling (jnr) van Bethlehem in die Vrystaat)

Die volgende gedeelte kom in die boek voor:

Then I saw one of the most beautiful things that I have ever seen in my life. The boy was transfigured by patriotism and devotion. He lifted his head, looked me straight in the face, put his hands behind his back and said in a loud clear voice: 'Ich sall ne sag' (dit beteken: ek sal nie sê nie).

As long as I live, I shall never forget that wonderful moment when the love for a father, home and country, triumphed over imminent and apparently certain death.

Kort voor die onthulling van die Japie Greyling-monument op 23 November 1966, is daar ook te doen gekry met 'n nasaat van nog 'n aanspraakmaker op die heldedaad. Voldoende bewyse is egter in die verlede ingewin om die werklike held uit te wys.

Deur die toedoen van Seely is die akker van kinder-helde met nog 'n kinderheld verryk. Dit het later ook by hom 'n lewensideaal geword om die buitengewone held weer te ontmoet. Dié gebeurtenis is in reliëf in die Kindermonument in Bloemfontein uitgebeeld.

In 1937 het Seely (toe burggraaf Mottistone) na Suid-Afrika gekom, maar moes weens siekte weer terugkeer sonder dat hy Japie Greyling kon opsoek. Dit was vir hom 'n diepe teleurstelling. Japie Greyling is 1954 oorlede.

Dirkie Uys

Die slag van Italeni
sal ons nooit vergeet nie
'n kind wat sy naam geskryf het
in elke Afrikaner hart

sy pa was kommandant Piet Uys
hy was vir hom so lief
hy was bereid om die prys te betaal
toe die engele hom kom haal

Dit het by die Malan-broers begin
toe storm die kommandant daar in
om hulle te red
enige leier sou dieselfde doen

Met 'n assegaai word die kommandant gewond
twee keer reeds sy bewussyn verloor
toe hy besef hy is besig
om die lewenstryd te verloor

Daar word vertel,
hy het die bevel gegee
sy manne moet na veiligheid jaag
maar dit het Dirkie gepla

Toe hy sy perd omruk en terugdraai
dapper sy voorlaaier gelaai
geskiet en geskiet, maar alles was verniet
dapper het hy gesterf aan die hand van 'n
assegaai

Na die moorde op Piet Retief en sy geselskap, 6 Februarie 1838, asook die Bloukrans moorde, 17 Februarie 1838, was die voortrekkers in Natal moedeloos. Dit is in hierdie tyd waar die Voortrekkervroue gewys het uit wat se hout hulle gesny is. Daar was gesê as die mans nie 'n strafkommando teen die Zoeloes gaan stuur nie, sal hulle een stuur.

Die trekkers in Natal het hulle gewend na Piet Uys, wie se trek nog noord van die Drakensberge was, asook aan Hendrik Potgieter.

Potgieter het hom by die hoofgroep aangesluit by Doornkop. Hulle was in totaal driehonderd vier en sewentig man met perde, wat aan die kommando sou deelneem.

Aanvanklik is Piet Uys gekies om die groep aan te voer, maar weens verskille is ooreengekom dat Potgieter sy bur-gers sal aanvoer, en Uys sy burgers. Piet Uys het sy tweede oudste seun, die vyftien jarige Dirkie, saam geneem weens sy behendigheid te perd, ook oor hy akkuraat kon skiet.

Die kommando het 6 April stelling ingeneem aan die oewer van die Blaaukransrivier. Die 9 de het hulle 'n paar Zoeloe impi's gesien. 10 April het die uur van "afrekening" gekom by Italaberg, nie ver van die Insuzerivier nie. Italaberg was eerder 'n heuwel as 'n berg. Hierdie slag sou as die slag van Italeni bekendstaan in die geskiedenis.

Piet Uys het Potgieter eerste keuse gegee van waar hy wou aanval. Potgieter het gekies om uit die vlakte aan te val, terwyl Piet Uys van die berg se kant af sou aanval.

Potgieter het aangeval, maar hy was oorversigtig, dit het later baie verwyte veroorsaak. Terselfdertyd tyd het Piet Uys teen die berg uit gejaag en tot vyftig tree van die Zoeloes gekom. Hulle het van hulle perde afgespring en begin skiet.

Die Zoeloeregiment aanvoerder het opdrag gegee dat die Zoeloes moet storm sodra die boere begin skiet. Hy was die eerste een wat gesterf het aan die hand van Pieter Nel.

Aanvanklik het die geveg in die voortrekkers se guns geswaai. Die Zoeloes het op vlug geslaan. Piet Uys se kommando het in kleiner groepe opgebreek en hulle agter-volg.

Deur Italeni het hulle die Zoeloes gevolg... Reg in 'n lokval in. Die twee waaghalsige Malan-broers het dit te naby aan die klowe gewaag, hulle was vasgekeer.

Piet Uys wou hulle gaan red. Ongeveer vyftien mans, insluitende sy seun Dirkie, het hom gevolg. Toe Jan Meyer se perd hom afgegooi het, moes hy te voet vlug. Piet Uys het hom op sy perd gelaai omdat sy perd groot en sterk was.

Die Voortrekkers moes uithaal en wys om hulself te verdedig. 'n Assegaai het Uys getref.

Uys het twee keer flou geword en almal se lewe in gevaar gestel deur die kommando te vertraag.

By Rietspruit het kommandant Uys besef hy is besig om te sterf. Hy het opdrag gegee dat sy manne moes vlug. Eers het hulle getwyfel, maar het later besef hulle sal moet vlug, of hulle gaan almal omkom.

Toe Dirkie 100 treë van sy vader af terugdraai, hy het op die Zoeloes geskiet, maar die voorlaaier was stadig om te laai. Hy kon drie Zoeloes skiet, hy het toe met sy geweer-kolf teen hulle veg. Hy is met 'n assegaai doodgesteek.

Die kommando sou later bekendstaan as die vlug-kommando. Dit was die laagtepunt van die Groot Trek.

Fred Kirstein

By Lemoenfontein het hy 'n brief geskryf
Generaal Liebenberg was sy naam
sy ma sou die belangrikheid verstaan
hy was darem al vyftien jaar

Hy is onmiddellik opgekommandeer
om te veg vir sy vaderland se eer
eers onder generaal Cronje
toe saam die Leeu van die Wes Transvaal

Saam met Danie Theron was hy 'n spioen
hy het gedoen wat hy kon
ander dag het hy 'n kakie 'n kopskoot gegee
tog eers water met hom gedeel
die kakie was self maar 'n seun

Dit was by die Tweebosch stryd
Methuen was in die moeilikheid
hy was by toe hulle Methuen vang
hy skenk 'n ambulans as dankbaarheid

Kekewich was baie kwaad
Fred wou nie met hom praat
Kekewich wou weet.
waar het hy die sluitstuk weggesteek

Hy het hom 'n plaas belowe

'n vuurpeloton voorgestel
Fred wou niks vertel
Kitchener moes ingryp

Dit was amper die einde van die oorlog stryd
daarom is besluit om hom te verban
verder as die verste land
Van die Himalajas het hy na die Vrystaat teruggekeer

Frederich Johannes (Fred) Kirstein is gebore op 17 Augustus 1884, op die plaas Lemoenfontein in die distrik Klerksdorp.

Toe die oorlog op 11 Oktober 1899 uitgebreek het, het hy pas vyftien geword. Sy pa en sy ouer broer was saam met generaal Cronje by Kimberley.

Fred het namens Generaal Liebenberg sy eie opkommandeer-brief geskryf, waar hy opgeroep word vir militêre diens.

Met hierdie brief het hy sy ma oortuig dat hy hom by die Boeremagte moet gaan aansluit. Hy is te perd na Kimberley waar hy deelgeneem het aan die beleg van Kimberley.

Fred het later onder generaal Koos de La Rey geveg, asook onder generaal Jan Smuts. Fred was vir lank 'n spioen vir Danie Theron en sy verkenners. In hierdie tyd was Fred in verskeie skermutselinge betrokke.

Tydens een van sy verkenningstogte, het hy op 'n Britse soldaat af gekom wat op hom begin skiet het. Fred het teruggeskiet, waar hy agter 'n groot bloekomboom geskuil het. Een skoot het oor sy wang gesny en 'n ander het sy oor geraak. Hy het toe besef dat die Kakie van plan was om hom 'n kopskoot te gee.

Fred wou die Kakie nie doodskiet nie, maar hy het besef dit is nou hy of die Kakie.

Aangesien Fred 'n goeie skut was het hy die Kakie noodlottig gewond. Waarna hy vir die slagoffer van sy water gegee het. Aangesien Fred redelik goed Engels kon praat, het hy en die Kakie gesels. Dié het vertel dat hy Suid-Afrika toe wou kom vir die avontuur om boere te kon skiet.

Hy het sy pistool en geweer aan Fred oorhandig, asook 'n brief en 'n foto van sy ma. Hy het gevra dat Fred na die oorlog aan haar 'n brief moes skryf. Fred het by die soldaat gewaak totdat hy gesterf het.

Na die oorlog het hy sy belofte nagekom deur aan die soldaat se ma 'n brief te skryf.

Fred het aan verskeie veldslae deelgeneem, soos die Slag van Tweebosch waar lord Methuen gewond is deur De la Rey se kommando. Hy is ook gevange geneem.

'n Skietstilstand is gehou waartydens die boere Met-huen verpleeg het en toegelaat het dat hy na 'n hospitaal geneem word.

Fred het as boodskapper en verkenner tussen die Boere en die Britse magte opgetree.

Methuen het uit dankbaarheid 'n ambulans met mediese voorraad aan die kommando geskenk.

So was dit deur die optrede van sommiges, in 'n sekere sin, 'n "beskaafde" oorlog.

Verder het hy deelgeneem aan die slag van Rooiwal, wat op 11 April 1902 plaasgevind het. Die veldslag het op die plaas Rooiwal, suidwes van Lichtenburg plaasgevind.

'n Britse mag onder bevel van generaal Ian Hamilton, het slaags geraak met die kommando van generaal Jan Kemp.

By Ysterspruit het die boere onder generaal Joubert die Engelse 'n nederlaag toegedien, hoofsaaklik as gevolg van swak kommunikasie, aan die kant van die Engelse.

Daarby was daar 'n gaping in generaal White se aanval, wat die boere goed gebruik het. Terwyl die swaar geskut waarmee hulle bestook is, ook vir die Engelse 'n verrassing was.

Die slag by Ysterspruit het plaasgevind op 25 Februarie 1902 tydens die Anglo-Boereoorlog. Ysterspruit is 20 km wes van Klerksdorp.

'n Boeremag van sewehonderd manskappe, onder beheer van Generaal Koos de la Rey, het die Britse mag van sewehonderd soldate, onder beheer van Kolonel William Anderson verslaan.

Hy is in sy linkersy gewond, dit was gelukkig net 'n vleeswond omdat hy die uniform van 'n hoë Engelse offisier met 'n dik leergordel aangehad het.

Die leergordel het die koeël gekeer om te diep in te gaan. Hy was baie vinnig weer terug in die saal.

Niklaas "Siener" van Rensburg het ook aangesluit, en het dan by geleentheid die kommando tussen die slapende Kakies deur gelei.

Verder was Fred lid van 'n kommando wat in die rante by Hartbeesfontein in die distrik Klerksdorp geveg het.

'n Hele aantal Engelse offisiere het toe gesneuwel. Tydens die geveg het Fred 'n sluitstuk van 'n Britse Maxim-Nordenfelt kanon ongesiens verwyder, en dit in 'n skeur naby die rantjies weggesteek, die Engelse kon toe nie meer die kanon gebruik nie.

Sowat drie weke voor die vrede, was daar 'n groot saamtrek van plus minus dertigduisend Britse troepe by Klerksdorp.

Fred was onderweg van Hartbeesfontein toe 'n klompie joiners van Graaff-Reinet hom gewaar en van agteraf bestorm het. 'n Heen-en-weer skietery het losgebars, maar vir Fred was daar nie uitkomkans nie. Vlak voor die boere-laer is hy omsingel en gevang.

Die Kakies het hom gedwing om drie dae lank sonder kos of water op 'n miershoop te sit. Hy is bewaak deur gewapende soldate. Luitenant-kolonel RG Kekewich het hom elke dag ure lank met behulp van 'n tolk ondervra. Hy is dan glo 'n kans gegee om die regte antwoorde te gee.

Fred het voorgegee dat hy nie Engels verstaan nie. Kekewich wou veral weet waar die sluitstuk van die Maxim-Nordenfelt kanon was. Dié offisier het die seun aller-vreesliks uitgeskel. Later het Kekewich hom 'n plaas, 'n span osse en plaasgereedskap beloof as hy wys waar die sluitstuk versteek was.

Fred, toe sewentien jaar oud, wou nie sê nie. Na drie dae het Kekewich hom ter dood veroordeel en gewys waar sy graf sal wees. Hy is ook aangesê om 'n brief aan sy ouers te skryf.

Fred was byna tereggestel, was dit nie vir die Britse opperbevelhebber lord Kitchener nie. Kitchener moes die doodsvonnis van Frederich Johannes (Fred) Kirstein bekragtig. Hy het laat weet dat dit te na aan die vrede-sluiting (sewentien dae) was. Hy het beveel dat Fred na Indië verban word.

Nadat Kitchener tussenbeide getree het, het Kekewich aan Fred gesê hy sal hom stuur so ver as wat God land gegee het. Fred was Durban toe gestuur, waar die skip waarmee hy in ballingskap gebring sou word, aan anker gelê het. Die skip het geel vlae aan die maste gehad. 'n Teken dat almal aan boord masels gehad het.

Later toe Fred as krygsgevangene op 'n skip was, het die Engelse soldate wat aan dié skermutseling deelgeneem het, aan hom gevra: "Watter kommando was dit waarvan al die boere op wit perde gery het, toe daar so op hulle geskiet was?" Fred kon nie antwoord nie, want daar was nie so 'n kommando nie!

As kind het Fred 'n siekte gehad, maar nou was dit soos 'n pes. Hy het op die seereis ernstig siek geword. In Indië kon hy 'n tyd lank nie loop nie. Hulle het hom op 'n kameel gesit en so het hy by 'n Britse fort in die Himalajas op die grens van Rusland aangekom.

'n Paar maande later is hy egter na Suid-Afrika terug-gestuur.

Gertjie Bezuidenhout

Bezuidenhout bloed
het in jou are gevloei
jy is met trots grootgemaak
jou familienaam het saak gemaak

'n Pandoer het jou oom geskiet
sy dood was nie verniet
jou pa het wraak gesweer
jy was 'n kind, tog gewapen met jou eie geweer

Jou pa wou nie oorgee nie
'n pandoer sal hom nie gevange neem nie
die vernedering was te groot
dan eerder die dood

'n Gesin van drie
teen honderd-en-twintig
tog het julle besluit
aan julle kant is geregtigheid

Eers is jou vader gewond
hy vra dat jy oor moet gee
kort daarna
verwond hulle jou ma

Maar jy is 'n Bezuidenhout

gekerf uit harde hout
jy sou aanhou skiet
totdat 'n wond jou na oorgawe gebied

Wat is dit wat die kinders van veertien jaar oud in die 21 ste eeu doen? Vir kinders op daardie ouderdom, is die Bybel is nie meer van toepassing nie. As ons sê... soos die Bybel sê: Eer jou vader en moeder, wat insluit jou onderwysers en ander gesagsfigure, doen hulle dit nie meer nie.

Hulle is onaantasbaar, hulle het sopas die TV-speletjies oor die zombies klaargemaak sonder om iets oor te kom. Óf hulle is helde, want hulle speel vir die eerste span rugby. So kan hulle maak wat hulle wil.

Wat maak van jou regtig 'n held? Wat maak dat jou naam regtig in die geskiedenis opgeneem word?

Gerrit Pieter Bezuidenhout (Gert), dalk eerder Gertjie soos ouers maar hulle kinders noem, is gebore 25 Desember 1803. Seun van Johannes Frederick en Elizabeth Bezuidenhout.

Hy is om 'n heel ander rede in die geskiedenisboeke opgeteken as held.

Gertjie Bezuidenhout en sy moeder was in 1816 in die omgewing van Slagtersnek, saam met sy vader, vir wie die Bezuidenhout-naam 'n trotse familienaam was. Sy aan sy saam met sy vader en sy moeder het hulle teen een-honderd en dertig soldate en swartmense geveg vir vryheid en geregtigheid.

Moes Gertjie dan eerder gesterf het om 'n held te kan wees, en om onthou te word? Is 'n held dan noodwendig iemand wat sy lewe vir ander opgeoffer het? En dan nog by alles, verwant moet wees aan een of ander bekende figuur?

Alles het by Gertjie se oom, Frederik Bezuidenhout, in 1815 begin. Hy het twee keer geweier om in Graaff-Reinet se hof te verskyn, omrede hy 'n Khoi-Khoi werker met die naam Booi se loon teruggehou het, as gevolg van diefstal. Nie net was dit 'n belaglike klag nie, maar die situasie aan die Oos-Grens was van so 'n aard dat vee gereeld geroof was. Huise is afgebrand weens aanvalle van die Xhosas.

Hy sou 'n paar dae van die plaas af gewees het, en moes sy familie en diere asook die plaas onbeskermd laat.

Die landdros op Graaff-Reinet het Bezuidenhout in sy absentia tot een maand gevangenisstraf op 5 Oktober 1815 gevonnis.

Die Britse regering wou graag hul gesag oor die boere aan die verre oosgrens vertoon, en het 'n mag van eenhonderd en twaalf pandoere, met 'n blanke offisier op 16 Oktober 1815 na Frederick Bezuidenhout se plaas gestuur om hom in hegtenis te neem.

Bezuidenhout het hom verset en is deur een van die pandoere in 'n skuiling tussen rotse op sy plaas dood-geskiet.

Op sy begrafnis het sy broer, Johannes Frederick Bezuidenhout wraak gesweer en saam met 'n groep vriende het hy 'n opstand teen die Britse regering in die Kaap beplan.

Hulle wou die Britse regering en die Khoi-Khoi uit die Oos-Kaap verdryf. Hulle het hulp gesoek by die Xhosa hoofman Gaika, wat die boere goedgesind was. In ruil vir hulle hulp het hulle die hele Zuurveld as betaling geëis.

Dit was toe ook nie honderd jaar alvorens die Britse owerhede in die Kaap van die rebellie te hore gekom het nie. Hulle stuur toe 'n mag van sewentig soldate, veertig Engelse soldate en dertig kommandolede om een van die rebelleleiers Hendrik Prinsloo in hegtenis te neem.

Die rebelle het ander boere in die omgewing gevra om by die opstand aan te sluit, dit het sake baie vinnig laat versleg, en op 13 November word 'n aantal soldate gestuur om Hendrik Prinsloo in hegtenis te neem.

Hierdie nuus het vinnig versprei. Leiers van die rebelle het vinnig gereageer en sowat sestig gewapende burger-likes het naby Van Aardt's Post bymekaargekom.

'n Eis is ingestel dat Prinsloo vrygelaat moes word. Die eis was natuurlik deur die owerhede afgekeur, waarna hul toe tot oorkant die grens teruggetrek het. Daar het hulle toe gaan sit en wag om te hoor of die Xhosas hul behulpsaam sou wees.

Die Engelse regering het kolonel Cuyler na Van Aardt's Post gestuur om met die rebelle te onderhandel sodat hulle moet oorgee. Die rebelle was bereid op voorwaarde dat hulle nie vervolg sal word nie. Cuyler het dit egter geweier, en het met sy troepe asook van die boere in die omgewing na die rebelle opgeruk.

Naby Cookhouse is 'n berg-nek, bekend as Slagtersnek. Hier het die twee partye mekaar ontmoet. Na lang onder-handelinge het sowat twintig rebelle hulle oorgee, maar Hans Bezuidenhout, Stephanus Bothma, Abraham Bothma, Cornelis Faber, en Theunis de Klerk het steeds egter geweier om oor te gee en het gevlug.

Kommandant Willem Nel het saam met majoor Fraser en nog sowat twee en dertig gewapende burgers en ook eenhonderd pandoere by Van Aardt's Pos opgedaag.

Hul doel was om na die rebelle te soek, en te fokus op die bosryke deel by die Baviaansrivier.

Hulle het Piet Erasmus wat ook 'n rebel was in sy huis gevang, na hulle met Piet onderhandel het, het hy gesê dat Hans en Faber per ossewa in 'n noordelike rigting gevlug het. Hierna het hulle Bezuidenhout se plaas besoek, en het inderdaad waspore in 'n noordelike rigting gevind.

Die Britte saam met kommandolede asook die pandoere, het Hans en Faber se waspore gevolg, wat oor Groenpunt tot aan die Tarkarvier gelei het.

Daar het die spore weggedraai na die Winterberg. By 'n veeplaas naby Spitzkop wat aan Louw Bothma behoort het, het hulle die twee waens aangetref.

Hulle het met die rivier op getrek waar hulle twee van die opstandelinge gevind het, Abraham Bothma en Andries Meijer. Dié het aan hulle vertel dat hulle Hans Bezuiden-hout, Cornelis Faber en Stephanus Botma nog dieselfde oggend gesien het.

By Rietfontein het die troepe die aand oorgeslaap, en geweet dat dit net 'n kwessie van tyd was voor hulle die res van die rebelle sou vang.

Ongeveer tienuur die volgende oggend, het hulle 'n "hinder-laag" gevorm. Kommandant Nel en sowat twintig pandoere het aan die voorpunt van die ruie kloof gelê, terwyl majoor Fraser met die res van die soldate en pandoere laer af in die kloof gewag het.

Teen twaalfuur was die waens binne sig, en op pad in die Winterberg se rigting. Die waens het behoort aan Hans Bezuidenhout, Cornelis Faber en Stephanus Bothma. Die klein groepie het stadig verby kommandant Nel getrek, en het hul vee by hul gehad.

Faber en Bothma was egter onrustig, Faber het homself bewapen en te perd vooruitgegaan.

Bothma het ook die waens verlaat, maar was nie gewapen nie. Hulle was net verby kommandant Nel en in die begin van die kloof toe daar uitgespan is, sonder dat daar onraad vermoed was.

Faber het intussen amper gevorder tot teenaan waar majoor Fraser en die meerderheid van die troepe stelling ingeneem het.

Die verrassing was volkome. Bothma was beveel om doodstil te bly staan, en Faber om van sy perd af te klim... Faber ruk egter sy perd om en jaag terug na die waens toe, in die proses het hy afgeval en sy arm gebreek. Die troepe was egter gereed en skiet op Faber.

Faber het gekorrel en daar is skote geskiet, Bothma het nog probeer weghardloop, maar was ook gevang.

Botha en Faber was 'n redelike ent weg en buite sig van die waens, dit was ook om 'n draai in die kloof.

Derhalwe het die mense by die waens niks van die petalje geweet nie.

Hans Bezuidenhout was egter wakker en het onraad vermoed toe hy skote hoor. Hy het te perd in die rigting gery om ondersoek in te stel. Sy vrou het te voet gevolg. Hy was skaars van die waens weg gewees, toe hy hom byna in die troepe vasgery het.

Hy en sy vrou het omgedraai en na die waens terug gevlug. Die troepe onder leiding van luitenant Milanees het naderbeweeg en bevel gegee dat die mense by die waens moes oorgee. Hans

Bezuidenhout en sy vrou Elizabeth het egter geweier om oor te gee.

Elizabeth het saam haar man en hulle veertienjarige seun Gertjie by die waens bly staan.

Hans moes besef het dat die drie van hul nie teen ongeveer eenhonderd en twintig soldate, insluitende die pandoere, sou kon weerstand bied nie.

Die vernedering sou vir die trotse man net te veel gewees het om oor te gee aan 'n mag wat pandoere insluit. Daarom het hy besluit om hom eerder te verset.

Milanees moes daarna seker besef het dat Hans besigheid bedoel. Hy het die soldate beveel om op te hou skiet en Hans gevra om oor te gee. Hans het egter geweier waarna die skietery weer begin het. Kort daarna word Hans se arm afgeskiet.

Terwyl sy vrou die wond verbind het Gertjie eers alleen gelaai, maar toe sy die arm klaar verbind is, het sy vir Gertjie die voorlaaier gelaai en aangegee.

Die veertienjarige Gertjie het besef dat hy nou alleen is, en het voort geveg met sy ma wat laai en aangee.

Kort daarna is Hans in sy lyf gewond. Hy het neergeval en het vinnig begin bloed verloor. Terwyl sy ma besig was om sy pa te probeer help, word ook sy gewond.

Hans het besef dat die skrif aan die muur is. Hy het Gertjie beveel om oor te gee, maar Gertjie wou nie. Kort daarna word ook Gertjie gewond, eers in sy voet en daarna in die been.

Die klein groepie was daarna oorrompel en is gevange geneem. Hans en Gertjie was tesame met 'n soldaat op die wa gelaai en daar is met die terugtog begin. Die soldaat is kort daarna oorlede. Hans was baie swak en is die volgende dag oorlede.

So eindig dan 'n besonder tragiese gebeurtenis in ons geskiedenis. Dit het begin met 'n arbeider wat volgens geskrifte nie sy loon waardig was nie en gewerk het by Frederick Bezuidenhout.

Maak dit Gertjie minder van 'n held omdat hy saam met sy vader teen ' n oormag geveg het? Of oor hy as kind alleen teen die oormag baklei het, en net gewond is, eerder as om doodgeskiet te word.

Volgens my beskeie mening maak dit van hom nog steeds 'n held.

Vandag se kinders gaan kla by hulle ouers as hulle net raas kry by die skool, dan is die ouers saam met die prokureurs daar. Hierdie was 'n seun wat geweet het hy kon doodgeskiet word, maar steeds die regte pad gekies het. 'n Pad om hulle familienaam se eer hoog te hou.

Flippie Neser en Petrus de Lange

Petrus en Flippie was twee
lewenslustige seuns
tog het hulle een probleem
Tsekelo het Flippie se perd gesteel

dapper mak hulle 'n plan
April sal hulle na die kraal toe lei
dan gaan hulle Kol terugkry
voor jy kan sê wind, is boer se kind op sy perd
se rug

die volgende jaar
gaan hulle saam met die Swartmaanhaar
hulle gaan Thabo Bosigo inneem
soos geen ander een

Generaal Fick het besluit
net vrywilligers sal deelneem aan die stryd
soos die noodlot dit wil hê
het beide Flippie en Petrus ja gesê

Hulle was vyftien jaar oud
daar was niks fout met hulle dapperheid
Saam met die Swartmaanhaar
is hulle verskansing na verskansing oor

Die tekens was daar
Mosjesj gaan Thaba Bosigo verloor
maar by die laaste kans
het 'n koeël die Swartmaanhaar vermoor

Die kruin was in sig
die aanval gestop weens swak lig
twee helde is gebore
die Vrystaat sou nog van hulle hoor

Maar die stryd op die Maluti
het die twee vriende saam betaal
vir hulle lewens ideaal
'n Vrystaat sonder 'n Basoeto stryd

Dit is 1864, die Oranje Vrystaat nog 'n jong Republiek. Skaars tien jaar oud nadat die Britte die Bloemfontein Kon-vensie geteken het en die Oranje Vrystaat onafhanklikheid gekry het.

Een van die redes was die strooptogte van die Basoeto's, die Britse regering het nie daarvoor kans gesien nie.

Dit was moeilike jare vir die Vrystaat, die strooptogte het nie opgehou nie. Op 'n plaas in die Winburg distrik boer de De Lange's en die Nesers.

Op 'n dag het Tsekelo, een van Mosjesj se seuns, sy vee tussen die boere s'n in gejaag, oor die plek wat as grens gedien het. Wanneer hy dan kamma sy vee kom haal, vat hy sommer van die boere se vee saam.

Maar hierdie keer het hy te ver gegaan, hy het van die perde ook gevat. Nie sommer enige perd nie, hy het Kol gevat. Die veertienjarige Flippie Neser se perd. Flippie was woedend en het dadelik oorgery na sy boesem vriend Petrus de Lange, om met hom oor die saak te praat. Hy het gesê hy gaan Kol terugsteel.

Eers het Petrus sy maat gewaarsku, maar soos vriende maak, besluit om saam te gaan...

Daardie aand het hulle een van die veewagters April, gevat om hulle na Tsekelo se kraal te lei.

Toe hulle in die skemer naglig die kraal kon sien, los hulle hul perde by April en gaan te voet nader. Hulle is bang dat die perde sal runnik en hulle weggegee sal word, maar toe hulle naderkom moet hulle weer oppas vir die honde wat kon blaf.

Uiteindelik bereik hulle Tsekelo se kraal waar hy die perde hou. So vinnig soos hulle kan, sny hulle die riem af wat die hek toehou. Soos blits is hulle op Kol se rug wat sy baas ken, en dit is nie te lank nie of hulle bereik April wat die ander perde oppas. Daardie aand bereik hulle die huis veilig.

Hierdie twee seuns se dapperheid en onverskrokkenheid hou nie daar op nie.

Die volgende jaar (1856) besluit President Brand dat die strooptogte van die Basoeto's nou te erg geraak en hy verklaar oorlog teen die Basoeto's.

Die Vrystaatse burgers wat volgens die krygswet dienspligtig was, word opgeroep. Flippie en Petrus besluit hulle wil saamgaan al is hulle net vyftien jaar oud. Hulle sal die vee oppas... Mens weet nooit wat kan gebeur nie, dalk kan hulle ook bietjie aksie kry.

Al die burgers het by Winburg bymekaargekom en van daar opgeruk na Basoetoland. Hulle plan was om Mosjesj aan te val by sy vesting op die berg Thaba Bosigo.

Dit is nog nooit reggekry nie, maar hulle gaan probeer. Die Engelse het so paar jaar gelede probeer, maar dit was onsuksesvol. Maar iets moet gedoen word, anders gaan die strooptogte nooit einde kry nie.

8 Augustus 1865 bereik hulle Thaba Bosigo. (Die berg van die dag)

Generaal Fick kommandeer die burgers op en hulle val Mosjesj aan bo op die berg, maar dit is 'n mislukking en hulle moet die aftog blaas. Intussen lê die burgers onder die berg en stry wat hulle gaan doen.

Dan breek die oggend van 15 Augustus 1865 aan.

Kommandant Louw Wepener kry opdrag om die berg te bestorm, generaal Fick pleit dat die burgers tog net nie weer op gekommandeer word nie, maar dat hulle van vrywilligers gebruik moet maak.

Louw Wepener, of Die Swartmaanhaar soos hy onder die Basoeto's bekend staan, kry vrywilligers bymekaar. Skaars vierhonderd man. Onder hulle is Flippie Neser en Petrus de Lange. Een van die burgers maak nog 'n terloopse opmerking dat die twee seuns eerder huis toe gestuur moet word, maar kommandant Wepener het elke man nodig.

Hy weet die vrywilligers is manne met moed, juis wat hy nodig het, of in die geval seuns met moed.

Weer ontaard dit in 'n gestryery onder die verskillende leiers. Dit begin laatmiddag word voordat kommandant Wepener uiteindelik die berg bestorm.

Sy magte is in drie groepe verdeel, hy is in die middelste groep. Die pad na bo is gevul met drie skanse, waaragter die Basoeto's skuil. Hulle skiet en bestook die burgers ook met klippe.

Dit gaan nie 'n maklik taak wees nie, maar komman-dant Wepener is vasberade om die bopunt te bereik.

Dit is nie te lank nie of hulle is die eerste skans oor, wat nie 'n maklike taak was nie. Die berg is steil en die geweervuur en die klippe wat van bo af op hulle gerol word is dodelik.

Verskeie burgers is dood, van hulle het die aftog geblaas. Kommandant Wepener kyk na die burgers by hom, hy praat hulle moed in. Hulle moet die tweede skans ook oor. Terloops merk hy op dat die twee seuns nog by is en nie onder die groep is wat die aftog geblaas het nie.

In sy binneste dink hy by homself: Was daar maar meer burgers met soveel moed, dan sou hulle taak makliker gewees het.

Uiteindelik het die burgers genoeg blaaskans gehad, en is hulle op pad na die tweede skans. Kommandant Wepe-ner storm vasberade, hy weet as hy misluk sal nie een van die ander aanvoerders storm nie. En dan sal Mosjesj net aanhou met sy strooptogte.

Dit was nie baie lank nie, of hy neem die tweede skans ook in. Hy kyk om hom, daar is eenhonderd man oor van die aanvanklike vierhonderd wat die laaste skans moet aanval. Hy besef daar is nie te veel tyd om asem te skep nie nie, dit begin donker raak.

Wéér deel hy sy manne in drie groepe, hy hou die seuns by hom. Daar is min oor van die aanvanklike groep. Dit is nie juis of te veel gesterf het met die tog op nie, dit is eerder 'n kwessie van moed opgee.

Kommandant Wepener en sy manne storm weer, uiteindelik het hulle die derde skans ook in geneem.

Flippie Neser en Petrus de Lange is nog steeds by hom, George Finlay gaan praat met kommandant Wepener om te hoor of hulle oor die skans en die kruin gaan, want dan is hulle in Mosjesj se stad.

Dit is nie asof George bang is nie, maar dit is so te sê donker. Dit is laatmiddag en middel Augustus, dit word vroeg donker. Flippie en Petrus luister met aandag wat kommandant Wepener gaan sê... Ongeag, hulle gaan saam.

"Ons Storm," gee kommandant Wepener die bevel. Hy was skaars oor die derde skans, nog skaars die kruin gesien, toe hy die doodskoot kry. Nege Vrystaters het saam met hom gesneuwel. Kommandant Wessels is ook gewond.

Skielik is daar nie regtig 'n leier wat met soveel moed kan lei nie en die donkerte maak dit moeilik, die burgers blaas die aftog.

Nog nooit het iemand sover dit reggekry om die bergtop te bereik nie. Maar die Swartmaanhaar het. Heelpad saam met hom was die twee vyftienjariges, Flippie Neser en Petrus de Lange.

Februarie 1866 het die Vrystaters weer 'n straf ekspe-disie teen die Basoeto's geloods, dié keer die Malutiberge in. Flippie en Petrus was nou sestien en volgens krygswet verplig om op kommando te gaan.

Maar dit het hulle nie gepla nie, hulle was die vorige jaar saam met die Swartmaanhaar tot omtrent by Mosjesj se vesting, maar toe is kommandant Wepener dood, en moes hulle terugval.

Op die kruin van die Malutiberge het die burgers die vee gesien wat die Basoeto's laat staan het, terwyl hulle voortvlugtig was.

Terwyl hulle die vee berg afjaag, ry hulle op pad in 'n smal kloof. Reg in 'n hinderlaag in.

Die burgers moes skiet vir die vale. Ná die tyd kry hulle die twee boesemvriende bymekaar, noodlottig gewond deur verskeie geweerskote en assegaai-steke.

In die harwar moes die twee afgedwaal het. Die twee dapper seuns het hulle lewens nie gratis weggegee nie, inteendeel, hulle het hulle lewens duur verkoop. Om hulle het 'n dosyn Basoeto lyke gelê.

Hansie Smal

Jy was nog so klein
jy moed nog met dolosse speel
toe is jou kindwees van jou gesteel
Jy was 'n ware voortrekkerseun

met die groot geweer
het jy 'n luiperd gekeer
by jou vader se vee
vir die gevaar het jy nie omgee

Hoe teleurgesteld was jy
met jou geweertjie het
jy nie kans gekry
om 'n bokkie voor jou visier te kry,

Skielik was julle aangeval
die Matabeles was menigte in getal
jou perd was vermoor
alleen op Kolbooi wou jy nie van hoor

Die gevaar was groot
in tye van nood
sou jy nie jou vader alleen laat
saam sou julle die gevaar agterlaat

Die storm was aan die kom
O, jy was so dom
maar jou vader het die yster nodig gehad
plaas het jy oorgeslaap

Die volgende oggend het hulle jou gekry
jy was amper verkluim
'n tienjarige se gestel
was te swak om te herstel

Die verhaal van Hansie Smal is een van die interessantste kinderhelde waarop ek afgekom het. Ongeag sy ouderdom, het die tienjarige seun die hart van 'n leeu gehad.

Hy was doodsveragtend in die aangesig van gevaar. Maar bowenal was hy pligsgetrou tot die dood toe.

Hier is een van sy dapper heldedade waar hy sonder vrees opgetree het.

Abraham Smal se trek was deel van die Voortrekkers. Hulle het die Kolonie verlaat en is deur die Grootrivier, waar hulle nou saam met 'n groep ander trekkers aan die walle van die Vetrivier gestaan het.

Hulle is wagtend op leiers wat die binneland gaan verken het, se terugkeer. (Hier kan mens amper as mens kyk na die latere dele van Hansie Smal se verhaal, die afleiding maak dat hulle deel van die Potgieter-trek was.)

Die jong seun het sopas die vee in die takkraal gejaag waar hulle elke aand aangehou word vir hulle eie veiligheid. Daar is te veel wilde diere in die omgewing wat maklik die vee kon vang.

Alhoewel die vee in 'n takkraal gehou word, vang die luiperds en leeus steeds gereeld van die vee, want dit is minder om wildsbokke te vang.

Daar was veral één luiperd wat die afgelope tyd so astrant raak het, dat niemand meer met hom raad geweet het nie. Hy steel vee uit die takkrale asof daar nie 'n kraal is nie en die vee spesiaal daar gelos is vir hom.

Daarom het hulle elke aand vure aan die brand gehou, om in 'n mate die wilde diere te probeer weghou... Vir wat dit werd was.

Later die aand kom Hansie se pa uit die watent en sê vir Hansie dat hulle gaan oorstap na oom Tobias-hulle toe, hy moet na sy jonger boetie en sussie kyk.

In daardie jare kon 'n seun van tien al begin verant-woordelikheid vat. Vir oulaas het sy ma vir hulle die leviete voorgelees. Dít is iets wat nog nooit verander het nie. Ma's wat die leviete voorlees voor daar uitgegaan word.

Na hulle 'n rukkie gespeel het, stel Hansie voor dat hulle die honde afvat rivier toe om tarentale te gaan jag. Ongesiens gaan haal Hansie die geweer uit die watent om die tarentale te gaan skiet, want hulle sit te hoog in die boom vir sy pyl en boog.

Skielik hoor hy die honde blaf en tarentale wat weg-vlieg. Hy besluit om nogtans te gaan kyk wat aangaan.

By die honde gekom, sien hy die luiperd. Sonder om te huiwer of te dink aan die gevaar indien hy die luiperd sou kwes, vat hy korrel soos sy pa hom geleer het. Hy skiet die luiperd dood, dié lastige luiperd sal nie weer kom vee steel nie.

As beloning het hy amper 'n pakslae vir sy dapperdaad gekry. Sy pa het dit as onverantwoordelik beskou.

Maar Hansie was 'n voortrekkerseun, hy was onver-skrokke en het geweet hy het 'n verantwoordelikheid teen-oor hulle vee gehad. Sou hy die luiperd laat wegkom het, sou niemand sommer weer so kans gekry het nie.

Op 'n dag besluit Abraham Smal hy gaan 'n eland skiet vir die pot, asook vir biltong.

Hy nooi Hansie om saam te gaan jag. Hansie is tog te bly dat hy kan saamgaan, veral omdat hy sy nuwe geweer kan saamvat wat sy pa by een van die trekkers geruil het nadat hy die luiperd geskiet het.

Dit is Hansie se trots noudat hy sy eie geweer het, hy voel asof hy 'n man is en nie meer 'n kind nie... Hansie ry op sy perd, Vossie, en sy pa op sy perd, Kolbooi. Kolbooi is 'n groot bruin hings met 'n bles op sy voorkop wat pronk as hy deur die wind galop met sy lang maanhare.

Nie ver van hulle staanplek af nie, skiet sy pa 'n eland op die uitgestrekte Vrystaatse vlaktes. Hulle klim van hul perde af om die karkas met doringtakke toe te pak om die roofvoëls weg te hou.

Waar hulle staan is die wild volop. Springbokke, bles-bokke, sebras en blouwildebeeste. Elande is skaars, dit was sommer net 'n gelukskoot dat hulle so vinnig een teë gekom het.

Later besluit Abraham hulle moet maar terugdraai. Innerlik is Hansie teleurgesteld oor hy nie 'n geleentheid gekry het om ook 'n skoot te skiet nie. Maar hy sê niks nie, hy is mos al 'n man en mans kla nie onnodig nie.

Skielik vra sy pa wat gaan daar voor aan, terwyl hy na die rook wys wat agter die koppe voor hulle verskyn. Dit is waar die Liebenberg's oorstaan. Abraham bestudeer die omgewing noukeurig.

Hy het in die veld grootgeword, ook was hy in die grens-oorloë van die Kolonie betrokke. Hy kan sommer aanvoel iets is verkeerd.

Skielik roep Hansie sy pa: "Pa, kyk daar…! Kyk daardie snaakse swart skaduwee op die vlakte en daar is geen wolke nie, want dink pa is dit?"

Abraham en Hansie hou hul perde met krag en moeite in. Stadig maar seker herken hulle die beelde… Skildvelle! Dit is 'n swart leërmag. Abraham dink dadelik aan die Matabeles van wie hulle al so baie gehoor het, maar geluk-kig nog nie teëgekom het nie. Die gedagte is vinnig besig om te verander.

Wat soek hulle hier? Waar kom hierdie swart leërmag van die dood vandaan? Is hulle die oorsaak van die rook? "Kom!" sê Abraham Smal, en hulle jaag die koppie uit. Soos blits is hulle bo.

Onseker betrag hulle die toneel onder in die vlaktes. Hulle betrag die Liebenbergs se trek. Tot hulle verbasing is daar geen beweging nie. Net stil liggame wat oral rondlê.

Dit is meubelment en tente wat daar brand. Hulle is uitgemoor, die Liebenbergs is uitgedelg.

Hansie en sy vader se enigste kans om deur te kom na hul mense is om die punt van die taamlike groot berg. Hulle kanse vir oorlewing is skraal, want die Matabeles beweeg aan die voet van die opgeskote berg. Abraham dink aan die gevaar, maar besef dit is 'n kans wat hulle sal moet waag.

Terwille van Hansie hoop Abraham hulle sal dit onge-siens kan maak. Hansie kan sommer aan sy pa se gesig sien hy is bekommerd, omdat hy weet daar is gevaar.

Plus minus 100 voet van die berg af, storm tien Matabeles op hulle af. Eers probeer hulle met die perde uitjaag onder hulle, maar toe hulle so 150 treë van hulle af is, sê sy pa hulle sal op die Matabeles moet skiet.

Hulle skiet sarsie op sarsie maar die Matabeles kom steeds aangestorm. Dapper en vreesloos laai hulle die gewere, bereid om hulle lewens vir duur te verkoop as dit moet. Die Matabeles is nou so naby, die assegaaie vlieg om hulle... Van die tien wat gestorm het is nog net vyf oor...

Skielik tref een van die assegaaie vir Vossie, dadelik sê Abraham aan Hansie om Kolbooi te vat, en uit te jaag na veiligheid.

Hansie weier en sê as sy pa bly, bly hy saam. Hy gaan nie sy pa alleen los nie.

In stilte swel Abraham se hart van trots vir sy seun wat pure boereseun is, want hy kan sien dat duisende Mata-beles intussen ook op hulle afgestorm kom.

Dadelik besluit hy dat Kolbooi groot genoeg is om met hulle altwee te kan uitjaag, aangesien Hansie maer en tingerig gebou is.

Kolbooi gee alles, dit is asof hy weet dis nou of nooit. Hulle is net om die punt van die berg met die Matabeles 50 treë agter hulle, toe Kolbooi begin veld wen teenoor die swart massa wat fluit en skree en rumoer, op hul skildvelle slaan met hul assegaaie.

Dit is 'n donderende rumoer. Die assegaaie en knop-kieries reën rondom Abraham en Hansie, maar deur God se genade word nie vader of seun getref nie.

Die jaagtog duur 'n halfmyl en die krygers gee een vir een op. 'n Assegaai of twee land in die gras en dan... is dit stil.

"Ons is gered!" sê Abraham met vreugde in sy hart en stem.

"Ja, Pa," sê Hansie trots.

Hansie se speeldae as kind is verby, alhoewel hy eintlik nog steeds 'n kind is, het hy al verskeie kere gewys dat hy sy man kan staan en nie bang is vir gevaar nie.

Ná die dood van die Liebenbergs, en Hansie-hulle se noue ontkoming, het die Matabeles verwoed op die trek-kers toegeslaan.

Die trekkers het by Vegkop hulle man gestaan, en die swart bul se horings stomp gestoot. Ongelukkig het die Matabeles weggekom met al hulle vee.

Daar was 'n swart kaptein wat hulle goedgesind was, en kon hulle met hulle waens terugtrek tot by Thaba Nchu.

By Thaba Nchu is daar 'n strafekspedisie teen die Matabeles uitgestuur.

Hansie help sy pa wat 'n smid is, van vroeg soggens tot saans laat hyg hy die vel-blaasbalk en stoot die gloedrooi kole in die smidsvuur op totdat die vonke in fyn sterretjies op die witwarm yster dans.

Hy is die blaasbalktrekker, en sy vader die smid, wat die waens moet nasien vir die pad vorentoe. Die hele dag lank bly dit 'n bedrywigheid daar onder die strooidak wat op vier pale in die skraal koelte van 'n doringboom staan waar Abraham Smal sy smidswinkel ingerig het.

Dit hou soms tot ná donker aan as dit baie druk gaan, en hy en Hansie by die lig van 'n vetkers nog boute en wabandspykers smee. Hansie is saans so moeg dat hy steierend op sy slaapplek neerval, maar soggens is hy weer opgewek en vrolik, want hy laat werk hom nie onderkry nie.

Een middag sê sy vader hom aan om vir Kolbooi te vat en na oom Tjaart van Vuuren te ry, om vir oom Tjaart te vra of hy nie vir hom 'n stuk staal het vir 'n pikpunt nie. Hy het ook vir Hansie gesê dat hy dit môre vroeg nodig het.

Daar is donder wolke in die lug, maar Abraham ken die weer en hy weet dat dit nie voor die aand sal reën nie. Die Van Vuurens se trek staan maar net 'n uur weg, en die kind kan nog met lig terug wees.

Toe Hansie by die Van Vuuren-laer kom, is oom Tjaart nie daar nie en hy moet meer as twee uur lank vir hom wag. Die weer word donker en dreigend waar Hansie vir oom Tjaart vra of hy vir sy pa so 'n yster het.

"Ja, Hansie, ek het so 'n stuk staal," sê oom Tjaart, "Laat ons net daar op die hoop ou ysters gaan kyk."

"Dankie, Oom," sê Hansie, en hy loop na Kolbooi se kant toe met die yster in sy hand.

"Kyk hoe lyk die weer en dis al amper nag, jy kan nie nou ry nie, slaap liewer oor," sê oom Tjaart bekommerd.

"My pa het gesê hy moet die stuk staal môre vroeg hê, oom Tjaart," sê Hansie beslis. "Ek kan my pa nie laat wag nie, Oom, hy is baie besig."

"Totsiens, Oom, en baie dankie!" roep Hansie. Toe ry hy weg.

"Ai tog, die kind gaan nog 'n ongeluk oorkom, hy tart die noodlot." praat oom Tjaart met homself.

Hy besluit hy sal agterna ry en kyk dat Hansie veilig by die huis kom. Hy moet eers sy ryperd gaan aankeer en daar gaan kosbare tyd verby voor hy kan ry. Dit is al donkernag voor hy ry en die donderstorm neergesak. Hier en daar kan mens die veld sien in die bliksemstrale wat neerslaan.

Hy weet dit gaan sinneloos wees om Hansie te roep in dié weer, die kind gaan hom in elk geval nie hoor nie. Hy sal maar tot by die Smals ry, en seker maak die kind is veilig.

Toe hy daar kom het Hansie nog nie daar uitgekom nie. Abraham Smal praat sy vrou moed in. Hulle sal hom soek en veilig terugbring.

Hulle soek die nag vol, maar teen die donker en die natuurelemente vermag hulle nie veel nie. Hulle is later self verplig om agter 'n bos te skuil totdat dit lig word.

Die storm het ook bedaar. Nou kan hulle spoorsny, maar dit gaan moeilik omdat die reën die meeste spore weggewas het.

"As die kind maar net vir Kolbooi die teuels gegee het, sou hy hom veilig tuisgebring het," mompel Abraham as hulle sien hoe die perd telkens pad toe gedwing is, maar dan het Hansie hom weer regs gestuur.

Kort duskant die Smals se staanplek swaai die spoor heeltemal na die verkeerde kant om die rantjie. 'n Paar honderd tree verder kom hulle op Kolbooi af waar hy staan en wei met die saal nog op sy rug, maar Hansie is nêrens te sien nie.

"Hansie!" roep Abraham en oom Tjaart om die beurt en hulle hardloop met 'n swaar treë vooruit.

Abraham se geoefende oog lees die verhaal. Hier kon Hansie nie verder nie. Miskien het hy uit die saal geval, of anders het hy self afgeklim. Die spoor slinger na 'n boom daar naby en verdwyn.

Abraham kyk op. Daar, in 'n lae mik, inmekaargetrek van koue en uitputting, sit Hansie met die stuk staal nog altyd in sy hande geklem.

Versigtig tel Abraham sy kind in sy arms en ry terug na die laer toe. Hy lewe, maar sy asemhaling is vlak en onreël-matig. Die medisynetrommel word uitgehaal en daar word met die beste rate gedokter, maar Hansie bly ylend. Die knou van die nag was te veel vir hom en sy gestel is baie swak van die koue wat hy gevat het.

"Nee, oom Tjaart," hoor hulle hom nog een maal duide-lik sê, "ek kan nie bly nie, Pa het die staal nodig."

Toe is hy stil.

Petrus Bezuidenhout

Die Liebenbergs was vermoor
die aand het jy die honde gehoor
gehoor hoe Daniël roep
gedink die vee is op soek

Toe jy die donkerte inloop
het jy jou in 'n swart massa vasgeloop
hulle het gekom om te moor
assegaai het jou in die rug deurboor

Jy het geweet jy moet 'n perd vang
as kind was jy seker bang
maar jy het 'n dapper hart gehad
jy moes die ander trekkers waarsku teen die
gevaar

Met pyn en bloed
doen jy daardie aand goed
jy het die trekkers kon waarsku
dat hulle die aanval kon afslaan

Later saam laer kon trek
te danke aan Petrus en sy perd
saam kon hulle die aanval afslaan
van daardie aand, het Petrus as 'n man beken
gestaan

Piet Retief het teenstrydig met Gerrit Maritz se advies teruggegaan na Dingaan se kraal by Umgungundlovu vir die ondertekening van die traktaat. Nadat hy Dingaan se beeste van Sekonyella af teruggevat het.

Ná die ondertekening van die traktaat op 6 Februarie 1838 het hy hulle genooi om fees te vier. Volgens tradisie is die wapens buite gelos. Die volgende oomblik het hy Bulalani abatagathi!" (maak dood die towenaars) geskreeu, waarna Retief en sy mense vermoor is. Die lyke is by Hlomo Amabutho (Aasvoëlkop) gegooi.

In hierdie tyd het die trekkers uit mekaar getrek. Die oggend van 17 Februarie het tienduisend Zoeloe impi's die Voortrekkers aangeval. Dit was 'n dag waar verskeie helde gebore is.

Een so held was die veertienjarige Petrus Bezuiden-hout. Hy was die seun van Wynand Bezuidenhout. Hy het saam met sy familie in vyf waens en drie veldtente tussen die doringbome op 'n ruig bult langs die Blaaukransrivier gewoon. Wat later Moordspruit genoem is.

Die voortrekkers het geen onraad vermoed nie, die Liebenberg-gesin is eerste aangeval en uitgewis. Daarna is die Bezuidenhouts aangeval – terselfdertyd is die Rossouws aangeval.

Al langs Moordspruit en die Boesmansrivier is gesinne uitgewis. 'n Getroude boer, Daniël, kon ontsnap, en was betyds om van die trekkers te waarsku, terwyl hy ontsnap het hy gehoor hoe word sy bejaarde vader vermoor.

Daardie aand het Petrus toevallig wakkergeword van die honde se geblaf en die geraas van beeste wat bulk en skape wat blêr.

Hy het gedink die vee wil wegloop en het opgestaan om die vee te gaan keer. Toe hy buite sy tent kom, was daar baie stemme. Dit was Zoeloes wat hy in die donker kon hoor en was hy geskok om die Zoeloes te sien met hulle skildvelle en assegaaie. Hy het besef daar is gevaar en het onmiddellik gevlug, hy het so vinnig as wat hy kon probeer om ongesiens tussen die digte bome en bosse in te hardloop.

Een assegaai het hom egter skrams in die rug getref. Die trop beeste wat daar naby was het verskrik gestaan, hy het tussen hulle ingehardloop. Toe kon die Zoeloes hom nie meer hoor of sien nie. Hy het daar naby in 'n sloot gespring, waar hy in die sloot tot by die randjie daar naby kon hard-loop.

Nou moes hy plan maak om sy perd te kry. Hy ken sy perd baie goed, al is dit in die donker, en hy weet sy perd is mak. Die perde is los in die kamp. 'n saal is nie nodig nie, want om bloots perd te ry is vir 'n voortrekkerseun maklik. Maar hoe moet hy ry? Sonder toom, halter of riem kan hy tog niks doen met die perd nie. En daar is nie so-iets naby nie, want alles is daar by die waens waar die Zoeloes nou moor en breek en stukkendslaan. Om

te probeer om daar 'n riem of tou te gaan haal, is
buite die kwessie.

Petrus kry 'n plan. Hy ruk sy leerkruisbande
van sy skouers af, knoop dit los en daar het hy 'n
toom. Hy vang sy perd en sit die kruisbande tou-in-
die-bek. Soos blits spring hy op die perd en jaag die
ander perde ook uit die kraal al langs die rivier af.

As hy die klompie perde nog betyds by die
ander mense kan kry, kan hulle nog almal vir die
Zoeloes vlug, al moet die waens ook agterbly.

Gelukkig kon Gerrit Maritz toe planne maak
om sy laer te verdedig. Hulle het ook kwaai geveg
en uiteindelik die Zoeloes verslaan, waarna hulle
op die vlug geslaan het.

Die Zoeloes wou al die kampe aanval. Die
trekkers was nou gewaarsku en hulle het
bymekaargekom. Hulle het die waens in 'n groot
kring getrek en die wiele aan mekaar vas-gebind.
Daar was 'n groot geveg toe die Zoeloes opgedaag
het, maar hulle kon die trekkers nie in die hande
kry nie.

Die trekkers het bewaar gebly, omdat Petrus
hulle teen die groot gevaar kon waarsku.

Ernest Von Linsingen

Tipies Duitse kind
het mens eerbied in hom gevind
dalk was dit sy bloubloed
dalk was hy van nature maar net goed

Ses soldate in 'n hinderlaag gelei
kans was goed dit is vir hulle verby
toe kom die opdrag om na veiligheid te jaag
die baron het van sy perd afgeval

Sy vader se heup en been was gebreek
Ernest het gesukkel om hom alleen op sy perd
te kry
hy het geweet hulle tyd is verby
daarom het hy by sy vader agtergebly

In my geestesoog sien ek die Duitse trots,
Ernest wat staan so sterk soos 'n rots
sy voorlaaier gelaai
vir oulaas gaan die hare waai

Hy is saam met sy vader vermoor
oor hy nie van alleen uitjaag wou hoor
duidelik was hy van die Duitse adel
bereid om soos 'n soldaat te sterf

Ernest Frederik George Von Linsingen is gebore 1864 in Wiesbaden, Duitsland. Hy was die seun van baron Wilhelm Carl Ferdinand Von Linsingen en Bertha von Linsingen.

Wilhelm Carl Ferdinand het sy dienste vrywillig aange-bied tydens die Pondo Rebellie, waar hy saam met sy ses-tienjarige seun Ernest Friederich George vermoor is op 14 November 1880 by die Basjeerivier. Ernest het teruggee-draai om sy ruiterlose vader te gaan help.

Ernest en sy vader Wilhelm het in 1856 saam met die Duitse-Legioen na Suid-Afrika gekom. In 1880 het die omstandighede so verander in Pondoland, dat Wilhelm gevra is om te gaan leiding gee ten spyte van sy sestig jaar. Hy het ontsaglike militêre kennis en uitstekende leierskap gehad.

Hy het egter sy seun Ernest saam met hom gevat op hierdie strafekspedisie. In Oktober 1880 het die Temboe en Galekastamme oorkant die Basjeeriver in opstand gekom teen die Kaapse regering.

Hulle wou die Kolonie binneval, en het gehoop dat die Fingo's by hulle sal aansluit om hulle 'n groter en meer gerugte mag te maak, sodat hulle die burgers in die Kolonie met getalle kan oorweldig.

Hier moet mens in gedagte hou dat daar in die Transvaal ook oorlogswolke was, so dit sou 'n dubbele slag vir die Britse regering gewees het om twee fronte terself-dertyd in Suid-Afrika te moes beveg.

'n Groot aantal van die Fingo's het besef dat dit dwaas sou wees, omdat sou hulle verloor, hulle hul grondgebied ook sou verloor, en het besluit om eerder aan die kant van die Kolonie in hierdie dreigende oorlog toe te tree.

Die regering het egter besef dat dit 'n uitgerekte oorlog kon word, en het Von Linsingen genader om aanvoerder te wees in hierdie oorlog. Aangesien hy hom reeds in die verlede bewys het as 'n bekwame veldheer en iemand wat weet hoe om met die inboorlinge te werk.

Baron Von Linsingen het ingestem en besluit om sy sestienjarige seun Ernest, saam te vat sodat hy hom persoonlik kon touwys maak in oorlogsvoering.

Hulle het Vrydag 12 November by die soldatekamp aangekom, wat tussen twee bergkoppe geleë was.

Die troepe het uit 'n aantal blanke soldate, en ongeveer tweehonderd en vyftig Fingo-soldate bestaan. Sondag, 14 November het Von Linsingen sy mense bymekaargeroep om 'n erediens te hou. Terwyl hulle nog besig was, het die wagte gerapporteer dat hulle vermoed die was vyand in 'n nabygeleë kloof.

Baron Von Linsingen het sy seun Ernest en nog vier soldate gevat om saam met hom te gaan verken. Voor hulle vertrek het, het hy opdrag gegee dat sy mag op gereedheid gebring moet word.

Tydens die verkenning het hulle duisende van die Temboe-en Galeka soldate gewaar. Ongelukkig was hy en sy groep verkenners reeds in 'n hinderlaag gelok. Hy het onmiddellik opdrag gegee dat sy groep verkenners uit die hinderlaag moet jaag, en hulle het dit ook amper reggekry. Ongelukkig het baron Von Linsingen se perd gestruikel. Hy het van sy perd se rug afgeval en sy been en sy heup gebreek.

Die sestienjarige wat op daardie stadium reeds veiligheid bereik het, het egter sy pa se benarde posisie besef. Met sy ingebore Duitse galanterie teruggejaag om sy pa te gaan help. Hy kon egter nie alleen sy pa op sy perd se rug help nie. Stoksielalleen het hy homself en sy pa teen die oormag probeer verdedig. Hy het langs sy pa aan 'n assegaaiwond beswyk.

Op hierdie noot het ek 'n vraag om aan myself te vra: Hoeveel kinders het die lewe gelaat omrede hulle hul pa's nie alleen wou los voor 'n oormag nie? As ek sommer uit my vuis uit 'n beperkte aantal kan noem... Ernest von Linsingen, Dirkie Uys, Gertjie Bezuidenhout, Hansie Smal, (wat oorleef het).

Dan wonder ek wat het geword van ons jeug? Maar nie net van hulle nie, wat het geword van ons as ouers waar ons kinders nie meer respek het vir ons of enige ouer mens nie?

Waar die jeug met ons praat asof ons hulle speelmaats is, en ons dit toelaat.

As ek 'n antwoord moet soek, dan kan ek net een kry. As ek verkeerd is, wil ek graag hê dat mense my kontak en sê: "Johan, jy is verkeerd." Ek dink ons het verleer om godvresend te wees, daarom pas ons kinders Exodus 20 nie toe nie, waar God sê: "Eer jou vader en jou moeder, sodat jou dae verleng mag word." Terloops, dit is die enigste gebod met 'n belofte daarby...

Jean Bosman

Dit is 'n aanskoulike gesig
water wat spoel oor die laagwaterbrug
die wolkbreuk was skielik gewees
die nuuskieriges kyk na die water massa
bly dat hulle op die wal kan wees

Skielik is 'n man in gevaar
die kans vir verdrinking is daar
sonder om aan die gevaar te dink
met sorg sit hy sy fiets neer
stadig is hy besig om te ontklee

Dan duik hy in die water
hy sal later aan die gevolge dink
daar is 'n man in gevaar
'n Voortrekker is mos diensbaar
swaar swem hy deur die waterstroom

Wie sou kon dink
'n veertienjarige kind
sien kans vir 'n watermassa
om 'n man te gaan red
met die geloof wat hy het

Paniekerig begin die man stoei
saam gaan hulle die bodem tegemoet
skielik breek Jean los
sy kop verskyn bo de oppervlak

hy weet hy kan die man nie los

Weer vat hy kans
van agter gryp hy die man
'n Kruger kom hom skielik bystaan
onder by die draai in die rivier het dit gebeur
hulle kom los van die watermassa wat hulle wil
verskeur

Jean Bosman, 'n leerlinge aan die Hoërskool Heilbron in die Vrystaat, is gebore, 19 Januarie 1940. Sy vader was 'n onderwyser by dieselfde skool.

Jean was ook lid van die plaaslike Voortrekker kommando. As 'n lid van die voortrekkers moes hy die volgende van die tien kodes van 'n voortrekker leer en onthou… En nie net onthou nie, maar toepas ook. Jean het geleer dat 'n mens hulpvaardig moet wees, ook gewillig om oral en altyd jou medemens te dien.

In 1954 het 'n wolkbreuk bokant Heilbron se dorpsdam uitgebreek. Binne minute het al die waterslote soos rivier-strome afgekom. Die dorp se seuns het op hul fietse gespring en deur die modder geploeg na die malende water wat alles met hulle meegesleur het.

Een van hulle was Jean Bosman, toe veertien jaar oud. As gevolg van die buitengewone vloed, het 'n klompie melk-koeie wat by die spruit gewei het, in die moeilikheid geraak

Die seuns was nog besig om die watermassa te bekyk, toe hulle 'n man so honderd-en-vyftig tree hoër op gewaar wat besig was om sy broekspype op te rol. Hy wou die koeie na veiligheid te jaag… Maar skielik het hy gegly en in die watermassa verdwyn. Later sou hulle uitvind dit was 'n ene mnr. CJ. De Bruyn. Op daardie stadium was daar sowat twintig mense wat op die wal gestaan het.

Jean het sy klere uitgetrek, en net in sy onderbroek in die water geduik toe die persoon ongeveer regoor hom was.

Hy het vermoed dat die persoon in die anderkantste deel van die stroom sou beland. Die stroom was egter so sterk dat dit meneer De Bruyn opgefrommel het. Hy was magteloos, en kon niks teen die geweldige vors van die water doen nie.

Op daardie stadium was die stroom sowat 50 treë breed. Jean het bokant die water verskyn. Hy het die persoon gesien en gegryp, aangesien die man 'n volwas-sene was, was hy sterker as Jean, en het paniek hom beet-gepak. Hulle het geworstel, soveel so dat hulle beide na die bodem toe gesink het wat ongeveer 10 voet diep was.

Jean kon homself gelukkig loswoel en het weer na die oppervlakte gekom, waarna hy weer die man voor hom in die stroom gewaar het. Nog 'n keer het hy die man gaan help, ten spyte van die feit dat die man amper verantwoor-delik was dat bede van hulle verdrink het.

Hy het die man van agter af beetgekry en hom voor hom vasgehou. Op daardie stadium het 'n toeskouer, ene Andries Kruger, Jean kom help.

Gelukkig vir hulle het die spruit wat nou in 'n rivier verander het, 'n ent laer af 'n draai gemaak waar hulle vaste grond kon bereik. Met behulp van ander mense kon hulle meneer de Bruyn uit die water kry.

Meneer De Bruyn het later vertel dat hy geen beheer meer oor homself gehad het nie en verskeie kere op die bodem van die stroom beland het. Dan weer boontoe uitgestoot is.

Jean het intussen verdwyn en met 'n omweg sy klere gaan kry. Daardie aand tuis aan tafel het hy droogweg opgemerk: "Pa weet, ek het vandag 'n man gered."

Niemand wou dit egter glo nie totdat Jean se ouers van verskeie mense verneem het wat daar gebeur het. Sommige mense wat sy waaghalsige daad aanskou het, het hom bestraf en gesê dat hy nooit weer so met sy lewe moet speel nie. Die Voortrekkerbeweging het 'n aanbeveling gemaak dat die Reddingsboei aan hom toegeken moet word. Dit word slegs aan lede van die Voortrekkerbeweging toegeken, wat hul lewe op die spel geplaas het om ander mense te red. Jean se saak is ondersoek en dit was nie moeilik om genoeg getuies te kry nie.

In meneer De Bruyn se eie verklaring, het hy vertel dat hy reeds volkome magteloos was toe Jean hom kom help het. En dat hy daarvan oortuig is dat hy sy lewe aan die seun te danke het. Dit het die deurslag gegee dat die Reddingsboei toekenning aan Jean toe geken is.